3데이즈 *in* 오사카

RHK 여행연구소 지음

3 DAYS in Osaka

목차 Contents

- 4 프롤로그
- 6 일본은 어떤 나라일까? / 오사카는 이런 도시
- 12 여행 정보
- 13 오사카의 대중교통
- 14 기초 일본어

DAY 1 — 초고층 빌딩숲에서 먹다

- 16 강변에서 음미하는 아침 식사
- 18 도심 속 숨겨진 꽃섬 산책
- 20 미식 골목에서 맛보는 고급진 런치
- 24 시끌벅적한 상가 끝의 고즈넉한 신사
- 26 대형 백화점에서 즐기는 쇼핑과 간식
- 30 빌딩숲 너머의 아기자기한 카페 거리 산책
- 36 대규모 복합 단지에서의 자유로운 시간
- 38 라멘의 정수에서 맛보는 진한 육수
- 40 오늘의 루트 MAP

DAY 2 — 오사카의 옛 풍경 속에서 먹다

- 44 오사카사람들의 생활을 엿보는 시장 탐방
- 46 소박하지만 따뜻한 슈마이의 감동
- 48 돌아보는 역사의 발자취
- 52 오사카의 옛 풍경 속 카라호리로 타임슬립
- 56 시간이 멈춘 일본 최초의 사찰 탐방
- 60 발걸음에 힘을 실어주는 타코야키
- 62 웃음소리가 떠나지 않는 휴식처
- 64 재미있고 독특한 역사 속 볼거리
- 66 바삭한 쿠시카츠와 시원한 맥주의 환상궁합
- 68 어둠 속에서 반짝이는 도시의 야경
- 70 오늘의 루트 MAP

Special & Column

- 22 키타신치의 저렴한 런치 로드
- 28 한큐백화점 데파치카의 유명 디저트점
- 34 나카자키초의 상점 로드
- 42 쿠이다오레 타로
- 51 중앙구민축제
- 59 극락정토의 정원
- 61 오사카의 타코야키 맛집
- 72 글리코 이야기
- 98 도톤보리의 화려한 입체간판
- 120 유니버설스튜디오 재팬의 풍경
- 122 오사카에서 온 선물
- 124 제가 묵어봤습니다! 오사카 추천 호텔

오사카
쇼핑 거리에서 먹다 DAY 3

- 74 허기를 채워주는 든든한 고기만두
- 76 자연 친화적인 쇼핑몰의 정원 산책
- 78 난바 파크스 주변에서 만나는 고수의 맛
- 80 트렌드세터들이 향하는 핫한 쇼핑 거리
- 86 서점을 빙자한 매니악한 장르의 세계
- 88 마음을 녹이는 부드럽고 달달한 디저트
- 92 미나미센바에서 즐기는 윈도쇼핑
- 94 어둠이 내린 저녁 출출함을 달래줄 오코노미야키
- 96 오늘의 루트 MAP

한 걸음
더 가서 먹다 번외편

- 100 디저트와 고베규의 고장 고베 여행
- 102 타박타박 키타노 산책
- 106 눈과 입이 즐거운 고베 케이크
- 108 고베에 왔다면 테판야키
- 110 모토마치에서 즐기는 간식과 쇼핑
- 112 고베의 랜드마크 보며 바닷바람 쐬기
- 114 치즈케이크와 커피 한 잔의 휴식
- 116 오늘의 루트 MAP
- 118 현실에서 만나는 영화 속 세계
- 126 오사카 MAP

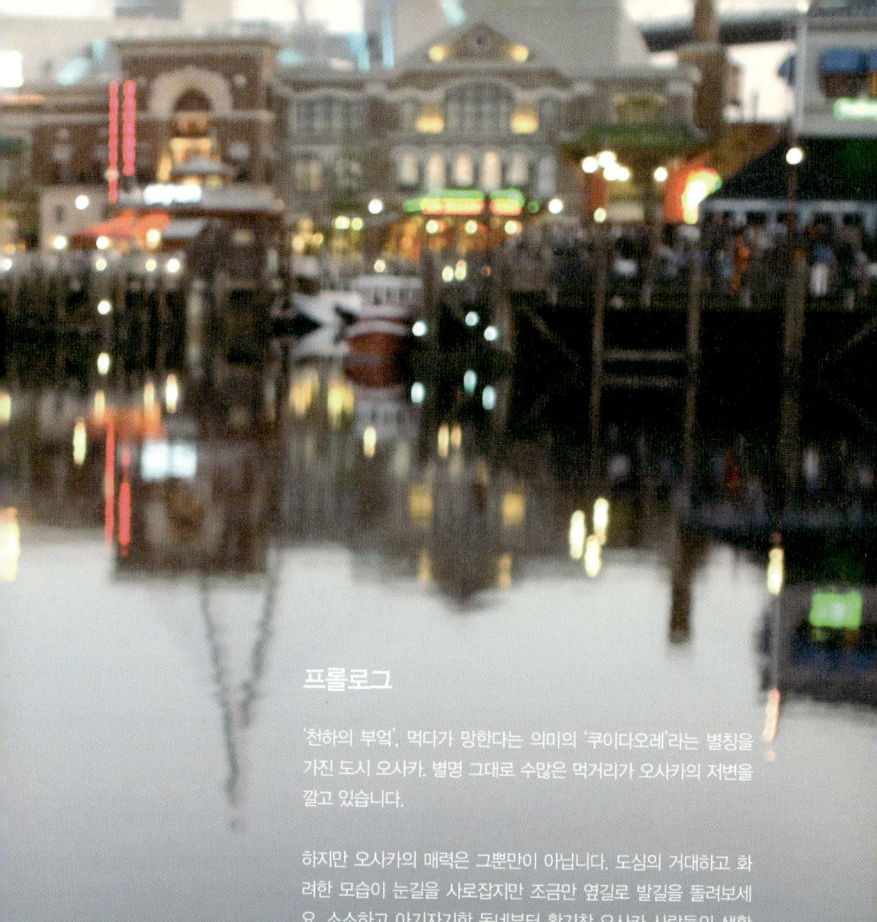

프롤로그

'천하의 부엌', 먹다가 망한다는 의미의 '쿠이다오레'라는 별칭을 가진 도시 오사카. 별명 그대로 수많은 먹거리가 오사카의 저변을 깔고 있습니다.

하지만 오사카의 매력은 그뿐만이 아닙니다. 도심의 거대하고 화려한 모습이 눈길을 사로잡지만 조금만 옆길로 발길을 돌려보세요. 소소하고 아기자기한 동네부터 활기찬 오사카 사람들의 생활을 엿볼 수 있는 곳까지. 자신만의 고유한 색깔을 가지고 있는 곳이 많아 올 때마다 새로운 매력을 발견하게 됩니다.

이 책에서는 특유의 분위기로 여러 차례 방문해도 즐거운 대표 명소부터 정감 가는 작은 동네까지 소개합니다. 먹거리 또한 이미 너무 유명하지만 안 먹으면 섭섭한 곳, 현지인들로 가득한 동네 맛집 등을 골고루 선별해 담았습니다. 중간중간 소개된 상점은 취향대로 가감해주세요. 도보 이동 시 주위를 둘러보며 산책하듯 걸으면 더 많은 것이 보일 겁니다.

다채로운 맛과 멋의 도시 오사카. 이 책을 통해 오사카에 눈뜨고, 자신만의 여행을 만들 수 있기를 바랍니다.

RHK 여행연구소

일본은 어떤 나라일까?

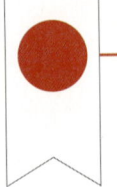

일본어로 니혼(にほん) 혹은 닛폰(にっぽん)이라 부르는 일본은 '해의 중심이 되는 나라'라는 뜻을 담고 있다. 면적은 37만 7835㎢로 한국의 4배이며 인구는 약 1억 2500만 명이다. 국내총생산액은 약 6조 정도로 세계 3위를 차지하고 있다.

현재의 일본인이 어떻게 형성되었는가에 대해서는 명확하지 않지만 토착민이던 야마토(大和) 민족을 중심으로 일본 열도 각지에 산재해 있던 여러 인적 집단을 차례차례 복속하고 동화해 온 것으로 추측된다.

일본은 입헌군주제 국가로 자신의 생일을 말하거나 날짜를 기입할 때 서기가 아닌 원호를 기준으로 하는 사람이 많다. 1989년 1월 7일 쇼와(昭和) 일왕이 사망한 후 1월 8일부터 현재까지 새로운 원호인 헤이세이(平成)를 사용하고 있다. 현재 년도에서 1988을 빼면 헤이세이 연수를 알 수 있다.(2015년 현재 헤이세이 27년)

일본에서 가장 넓고 깊게 자리 잡고 있는 종교는 토착신앙인 신도와 외래종교인 불교이다. 하지만 일본 사람들은 생활관습으로서 신도와 불교를 받아들일 뿐 종교로 받아들이는 사람은 많지 않다.

오사카는 이런 도시

화려함과 소박함이 공존하는 왁자지껄 활기찬 맛의 도시 오사카

정보 공개도 랭킹 1위
(2011년 전국시민옴부즈맨)

재일외국인수 2위
(2011년 일본법무성)

치안이 좋은 도시 3위
(2015년 이코노미스트)

세계 도시 경제력 7위
(2014년 브루킹스)

이 책의 정보는 2017년 4월까지 취재·조사한 자료를 바탕으로 합니다. 영업시간이 바뀌거나 변칙적인 휴일이 있을 수 있으므로 상점 방문 시 해당 사이트 등에서 최신 정보를 확인할 것을 추천합니다. 일본어 표기는 현지 발음을 우선으로 하였으며, 고유명사처럼 통용되는 일부 단어는 외래어 표기법에 따랐습니다.

- 커피점포수 **1위** 2014년 일본총무성
- 재일한국인수 **1위** 2011년 일본법무성
- 철도여행객수 **2위** 2013년 일본국토교통성
- 1인당 과실주 소비량 **2위** 2014년 일본국세청
- 1인당 와인 소비량 **3위** 2012년 일본국세청
- 교토대학 합격자수 **1위** 2013년 선데이마이니치
- 1인당 맥주 소비량 **2위** 2012년 일본국세청
- 빵 소비량 **5위** 2014년 일본총무성
- 소고기 소비량 **3위** 2013년 일본총무성
- 외국인 방문객수 **2위** 2010년 일본정부관광국

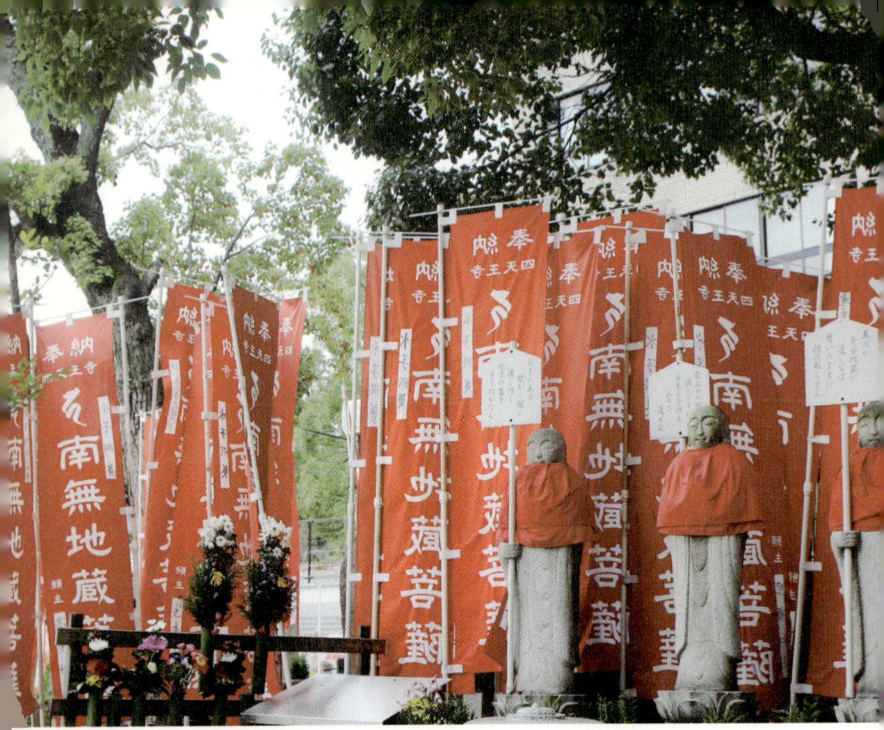
奉納
四天王寺
南無地蔵菩薩

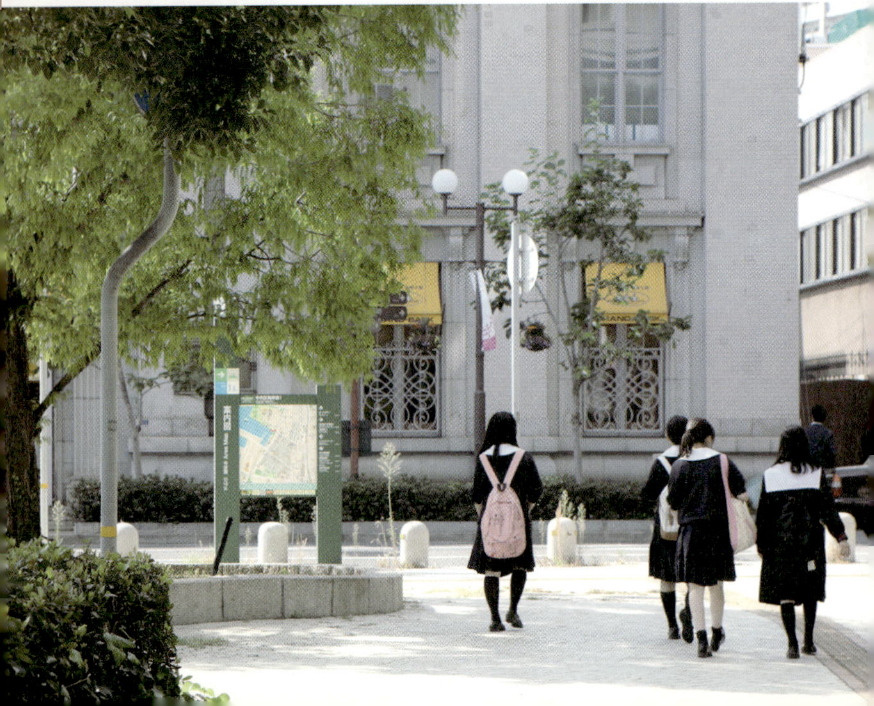

여행 정보

어느 계절이 좋을까?

오사카는 사시사철 언제나 매력 넘치는 도시이다. 하지만 계절을 생각한다면 여행하기에도 좋은 날씨이고, 벚꽃과 단풍을 볼 수 있는 봄과 가을이 가장 인기가 있다. 성수기인 만큼 요금도 오르지만 그 계절에만 누릴 수 있는 특별함이 있다. 여름에는 활기찬 축제를 즐길 수 있고, 겨울에는 우리나라보다 춥지 않아 생각보다 다니기 좋으며 화려한 일루미네이션과 연말 세일기간도 있다.

상점 및 레스토랑 영업일

일본의 체인점을 제외한 상점 대부분은 정기 휴무일을 갖는다. 또한, 정기 휴무일에 추가로 부정기 휴일이 있는 곳도 많아가 가기 전에 꼭 알아보고 가는 것이 좋다. 부정기로 휴일이 많이 바뀌는 곳은 대부분 홈페이지에 미리 공지해두니 확인한 뒤 가도록 하자.

언어

공용어로 일본어를 사용한다. 호텔에서는 대부분 영어가 통하는 편이지만 레스토랑이나 상점 등에서는 전혀 통하지 않는 경우도 있다.

돈

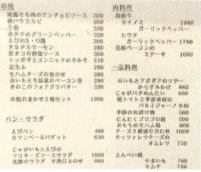

일본의 통화는 엔 (JPY). 1JPY=약 950원. 상점과 음식점에서는 소비세(8%)를 제하고 표기해 놓은 곳이 있으니 미리 확인해야 계산 시 당황하는 일이 없다. 또한, 한국과는 다르게 어디서든 신용카드를 사용할 수 있는 것은 아니다. 간혹 해외 결제용 카드 비밀번호 6자리를 눌러야 하는 곳도 있으니 출국 전 확인이 필요하다.

오사카의 대중교통

지하철과 전철

오사카에서는 고베나 나라, 교토 등 다른 지역으로 가는 경우 전철을 이용하지만, 시내에만 있을 예정이라면 주로 도보로 걷거나 시영지하철을 이용하게 된다. 지하철은 기본요금이 180엔으로 거리에 비례해서 요금이 올라간다. 자동발매기에서 승차권을 구입해 이용하거나 JR 전철역 자동발매기에서 교통카드인 이코카(ICOCA, 2000엔 중 보증금 500엔)를 구입해 충전해가며 사용하면 된다.

엔조이에코카드

1일 4회 이상 지하철을 이용할 계획이라면 하루 동안 무제한 탑승이 가능한 엔조이에코카드를 이용하는 것이 편리하다. 요금은 평일 800엔, 주말·공휴일 600엔이다. 지하철역 자판기에서 구입할 수 있는데, 카드 구입(カード購入) 버튼을 누르고 엔조이에코카드(エンジョイエコカード)를 선택하면 된다. 지하철 이외에도 오사카시에서 운영하는 뉴트램이나 시내버스 전 노선도 이용할 수 있고, 일부 관광지는 할인받는다.

> **TIP**
> 대중교통으로 그 외에 버스와 택시도 있지만, 오사카 시내에서는 이용할 일이 거의 없다. 일단 시내버스는 시내 구석구석을 연결하고 구간 요금이 210엔으로 동일하지만, 노선이 복잡해 초행자나 일본어를 모르는 외국인이 이용하기엔 쉽지 않다. 택시는 3~4인인 경우에는 이용해볼 만하지만 기본요금이 660~680엔, 추가 요금이 약 300m당 80엔으로 워낙 비싸고, 교통체증도 있다.

공항에서 오사카 시내까지

칸사이국제공항에서 오사카 시내로 갈 때는 대중교통이 잘 정비되어 있어 쉽게 이동할 수 있다. 난바역으로는 난카이 전철 공항급행(920엔)이 환승 없이 45분 만에 간다. 우메다역 쪽으로 가는 경우, 난바역으로 간 뒤 지하철로 갈아타서 가거나, 요금이 조금 더 들지만 1시간이면 도착하는 리무진버스(1550엔)를 이용하면 편리하다.

• 기초 일본어 •

여행 전에 간단한 일본어를 알아보자. 몇 가지 일본어만으로는 자연스러운 의사소통이야 당연히 불가능하겠지만 식당, 상점 등에서 기본적인 인사를 건네는 것만으로도 여행이 한층 더 즐거워질 것이다.

인사

おはようございます
오하요고자이마스
아침 인사

こんにちは 콘니치와
점심 인사

こんばんは 콤방와
저녁 인사

お願いします 오네가이시마스
부탁드립니다

ありがとうございます
아리가또고자이마스
감사합니다

本当にありがとうございます
혼또니 아리가또고자이마스
정말 감사합니다

すみません 스미마셍
죄송합니다, 실례합니다

さようなら 사요나라
안녕히 계세요

はい 하이   いいえ 이이에
예   **아니오**

それでは、また 소레데와 마따
그럼, 또 봐요

식사

いただきます 이타다키마스
잘 먹겠습니다

ごちそうさまです
고치소사마데스
잘 먹었습니다

美味しい 오이시이
맛있어

乾杯 칸빠이 **건배**

韓国語のメニューありますか
캉코쿠고노 메뉴 아리마스까
한국어 메뉴판 있나요?

お勘定お願いします
오칸죠 오네가이시마스
계산 부탁드려요

칸사이 사투리

おおきに 오오키니
고맙습니다

ようおこし 요오코시
어서오세요

まいど 마이도
항상 감사합니다

さいなら 사이나라
안녕(헤어질 때)

ヘレ 헤레
안심(고기)

れいこー 레에코
아이스커피

화장실

トイレ 토이레
お手洗い 오테아라이
화장실

トイレはどこですか
토이레와 도코데스까
화장실이 어디 있나요?

トイレを借りてもいいですか
토이레오 카리떼모 이이데스까
화장실 좀 써도 괜찮나요?

상점

福袋 후쿠부쿠로
럭키 박스
(보통 연초에 상점에서 판매)

期間限定 키캉겐테
기간 한정

セール 세에루
세일

税抜き 제에누키
세금 불포함

税込み 제에코미
세금 포함

유용한 표현

いくらですか 이쿠라데스까
얼마인가요?

レシートください 레시토 쿠다사이
영수증 주세요

これください 코레 쿠다사이
이거 주세요

초고층 빌딩 숲에서 먹다

지하상가와 고층빌딩으로 유명한
비즈니스 구역 우메다의
다양한 매력을 느껴보는 하루

DAY 1

9:00

강변에서 음미하는
아침 식사

나카노시마와 토시보리강을
바라보며 먹는 아침 식사는 음식에
따뜻한 햇볕과 시원한 강바람이
더해져 마음까지 충만해진다.

노스 쇼어 NORTH SHORE

매일 좋은 재료로 만든 건강한 음식을 편안한 공간에서 제공한다. 보기만 해도 싱그러운 요리를 나무 도마 위에 플레이팅하는 것이 포인트. 테라스 석이 있어, 토사보리강과 나카노시마를 바라보며 식사하면 한층 여유로 운 기분이다. 시간대에 따라 다른 메뉴를 제공하는데, 런치는 요일별로 메 뉴가 정해져 있고, 테이크아웃용 피크닉세트가 따로 있어 바로 앞 나카노 시마 공원에서 먹어도 좋다. 햇살을 쬐며 식사하기에도 좋고, 저녁에는 야 경을 감상하며 와인 한잔하기에도 좋다.

- 지하철 키타하마역 26번 출구에서 도보 약 6분
- 大阪市中央区北浜1-1-28 ビルマビル1/2F
- 2층 플로어 07:00~해 질 녘, 카페 & 브런치 07:00~11:00, 14:00~22:00, 런치 11:30~14:00
- +816-4707-6668
- northshore-hanafru.com

아침 7~9시에만 제공되는 메뉴인 굿모닝(グッド モーニング, 750엔)에는 토스트와 잼, 수란, 베이컨, 채소, 과일, 커피가 나온다.

한눈에 보이는 나카노시마공원.
공원에서 산책하고, 운동하는 사람들을 구경하는 재미도 있다.

테라스석은 아침에 그늘지고 강바람이
차가우므로 조금 추울 수 있다.

3 Days in Osaka

10:30

도심 속 숨겨진
꽃섬 산책

나카노시마 동쪽 끝의 공원은 봄과 가을이 되면 향긋한 장미향으로 가득하다.

나카노시마공원 中之島公園

고층빌딩이 늘어선 지역을 가로지르는 강 위에는 나카노시마라는 섬이 있다. 섬의 동부 지역에는 역사적 건축물과 다리가 모여 있으며, 섬 끝 기슭에서는 운하 도시 오사카라는 말을 대변하듯 아름다운 경관이 보인다. 그중 나카노시마공원에서는 산책과 조깅 등의 운동과 휴식을 즐기기 좋다. 상업지구라서 평소에는 사람이 많지 않은 곳이지만 봄과 가을에 장미정원의 장미가 만개하면 공원이 온통 형형색색으로 물들며 명소로 탈바꿈한다. 잔디에 앉아 쉬고 있으면 바람을 따라 향기로운 장미 향이 퍼져나가고, 여기저기 소풍을 나온 사람들이 돗자리를 펴고 도시락을 먹으며 오순도순 이야기를 꽃피운다.

- 지하철 키타하마역 26번 출구에서 도보 5분
- 大阪市北区中之島
- www.nakanoshima-style.com

① 평일 아침에도 운동이나 잠시 휴식을 취하는 사람, 출근 중인 사람들이 보인다.
② 장미정원은 동서 방향으로 약 500m에 걸쳐 약 310종, 4000송이의 장미로 꾸며져 있다.
③ 섬 주변의 수위가 낮은 부분에서는 물고기가 잘 보인다.

멀리서도 눈에 띄는 서양식 건물인 중앙공회당은 문화예술공연장으로 사용되며, 밤에 라이트가 켜진 모습도 예쁘다. 내부 전시실을 견학할 수 있으며, 유료 가이드 투어도 진행된다.

3 Days in Osaka 19

12:00

미식 골목에서 맛보는
고급진 런치

고급 유흥가와 미슐랭 스타 레스토랑이 여럿 있는 키타신치. 점심 시간이 되면 고급 음식을 저렴하게 선보인다.

스이교 무라바야시 粋魚 むらばやし

키타신치의 골목을 걷다보면 작은 간판, 흘림체로 쓴 일본어 메뉴만 나와 있어 무심코 지나치게 되는 음식점이 있다. 하지만 막상 들어가 보면 사람들로 가득한 인기 음식점이다. 질냄비에 지은 맛있는 밥과 신선한 생선요리를 저렴한 가격에 맛볼 수 있다. 읽기 힘든 일본어 메뉴판에 겁먹을 수 있지만, 런치는 점심 정식(お昼の定食, 1620엔) 한 가지이다. 구성이 조금씩 바뀌는 경우도 있다. 내부는 비좁은 편으로 바 형식으로 8자리 정도 있으며 4인 테이블이 하나 있어 일본어가 가능하다면 예약하고 가는 편이 좋다.

- JR 키타신치역 북쪽 1번 출구에서 도보 3분
- 大阪市北区堂島1-2-17大日ビルB1F
- 12:00~13:30, 17:30~23:00(일요일, 공휴일 휴무)
- +816-6344-3909

DAY 1

자리에 앉으면 질냄비로 갓 지은 밥과 절임반찬, 생선회를 준다.

윤기와 찰기가 넘치는 밥과 조개를 넣은 미소시루(된장국). 질냄비에서 밥을 다 퍼먹으면 직원이 누룽지를 떼어준다. 누룽지는 그냥 먹거나, 소금에 찍어 먹거나, 차를 부어서 먹어도 된다. 취향대로 먹자.

담백한 밑반찬에도 생선이 들어간다.

메인인 생선요리 3인방으로 회, 조림, 튀김의 순서로 나온다.

3 Days in Osaka 21

Special
키타신치의 저렴한 런치 로드

키타신치에는 고급 음식점이 많은데, 맛만큼 가격 또한 만만치 않다. 하지만 고급 음식을 저렴하게 먹을 수 있는 방법이 바로 런치 타임이다. 가격 대비 훌륭한 요리를 정식으로 맛볼 수 있어 대기는 필수다.

> **TIP**
> ### 간판이 작은 키타신치 골목의 음식점
> 키타신치의 음식점은 보통 한 빌딩에 여러 곳이 모여 있는 형태가 많다. 간판도 작아 막연히 눈으로 찾기에는 힘들다. 구글맵에서 주소로 검색해 빌딩의 외관이나 이름을 중심으로 찾고, 빌딩에 붙어 있는 내부 점포 목록으로 층수를 확인하고 들어가자. 또한 키타신치는 상업지구이고, 음식점은 회사원을 대상으로 영업하기 때문에 대부분 일요일과 공휴일에 문을 닫는다.

침샘 폭발 고급스러운 돈까스
에페 épais

차분하고 어른스러운 분위기의 돈까스 전문점. 런치의 경우 고급 돈까스 정식을 저렴한 가격에 먹을 수 있다. 돈까스는 튀김옷이 얇고 고기가 두툼하다. 돈까스 소스가 아닌 소금에 찍어 먹는데, 이는 돈까스 본연의 맛을 음미하기 위함으로 그만큼 맛에 자신 있는 것이다. 돈까스는 헤레카츠 정식(ヘレカツ定食, 1000엔)과 로스카츠 정식(ロースカツ定食, 1000엔) 두 가지로 로스카츠가 더 인기 있어 금방 매진된다. 런치 예약이 가능하다.

- JR 키타신치역 북쪽 1번 출구에서 도보 3분
- 大阪市北区曽根崎新地1-9-3ニュー華ビル3F
- 11:00〜15:00, 16:00〜22:00(일요일, 공휴일 휴무)
- +816-6347-6599

맛과 양, 가격까지 모두 잡은 스테이크
카트르 라팽 quatre lapin

프렌치 레스토랑으로 런치 메뉴는 스테이크 한 가지이다. 고기양(200g/800엔, 300g/1050엔, 400g/1300엔)에 따라 가격이 다르다. 스테이크가 값비싼 일본에서 저렴한 가격과 푸짐한 양으로 스테이크를 배불리 먹을 수 있는 몇 안 되는 곳이다. 신다이비루 빌딩으로 이전하면서 내부가 쾌적해졌다. 주문할 때에는 고기 양과 스테이크 소스를 고르면 된다. 소스는 미소다레(味噌だれ)와 와사비쇼유(わさび醤油)가 인기 있다. 고베에도 지점이 있다.

- JR 키타신치역 북쪽 1번 출구에서 도보 5분
- 大阪市北区堂島浜1-2-1新ダイビル2F
- 월〜금요일 12:00〜14:00, 17:00〜24:00, 토요일(2부제) 15:00, 19:30
- +816-6343-8863
- quatrelapin.bizweb.jp

13:00

시끌벅적한 상가 끝의
고즈넉한 신사

오래된 맛집이 모인 오하츠텐진도리
끄트머리에는 한 연인의
비극적인 사랑 이야기가 깃든
고즈넉한 신사가 있다.

츠유노텐진자 露天神社

1300년의 역사를 자랑하는 오래된 신사로 소네자키와 우메다 지역의 수호사당이다. 오하츠텐진도리 끝에 있어 사람들이 오가며 참배하러 오곤 하는데, 인연을 맺어주거나 학업을 성취하는 데 영험이 있다. 정식 명칭보다 '오하츠텐진(お初天神)'으로 더 잘 불린다. 이는 일본의 극작가 치카마츠 몬자에몬(近松門左衛門)이 경내에서 실제로 일어났던 동반자살사건을 바탕으로 한 비극적인 사랑 이야기 〈소네자키신쥬(曾根崎心中)〉라는 일본전통인형극을 발표했고, 그 여주인공 이름인 '오하츠(お初)'에서 따온 것이다. 인형극은 큰 사랑을 받았고, 덕분에 신사 곳곳에 이야기와 관련된 내용이 배치되어 있다.

📍 지하철 히가시우메다역 7번 출구에서 도보 5분
🏠 大阪市北区曽根崎2-5-4
🕒 06:00~24:00(사무실 09:00~18:00)
📞 +816-6311-0895
🌐 www.tuyutenjin.com

① '신규상(神牛さん)', '나데우시상(撫で牛さん)'으로 불린다. 아픈 곳을 치유해주는 신이지만, 현재는 학업 성취를 위해서도 참배를 올린다.
② 매월 첫째 금요일에는 골동품 벼룩시장이 열린다.
③ 신사 곳곳에 소네자키신쥬 관련 내용이 있다.

14:00

대형 백화점에서 즐기는 쇼핑과 간식

한신, 다이마루, 힐튼 플라자 등 대형 백화점과 거대 쇼핑몰이 많기로 유명한 우메다. 그중에서도 우메다를 대표하는 백화점이 있다.

한큐백화점 阪急百貨店

우메다역과 연결되어 있으며, 일본 최대급 백화점 중 하나이다. 대형 쇼핑몰과 백화점이 많은 우메다 지역에서 살아남기 위해 최첨단 패션과 라이프 스타일을 제안하며 많은 노력을 기울인다. 매번 재미있는 특별전과 색다른 디스플레이, 핫한 인터넷 숍 또는 개인 숍을 팝업 스토어로 자주 런칭하며 차별화를 준다. 특히 지하의 식품관이 맛있기로 유명한데, 전체적으로 기본 이상의 맛을 내며 여기저기 긴 행렬이 늘어선 유명 맛집도 많다. 아무 데서나 골라 먹어도 성공하니 긴 행렬에 몸을 담아 시간과 피로를 쌓기보다 돌아다니며 먹고 싶은 것을 바로바로 사 먹는 것이 편하다.

- 지하철 우메다역 6번 출구에서 바로 연결
- 大阪市北区角田町8-7
- 10:00~20:00(금・토 ~21:00)
- +816-6361-1381
- www.hankyu-dept.co.jp

DAY 1

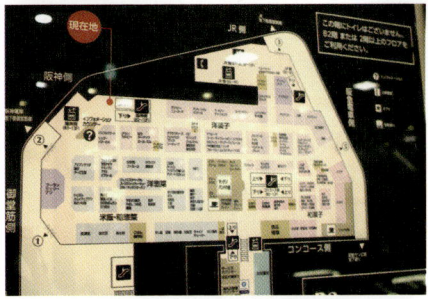

외국인전용 안내데스크에 가면 텍스 환급 업무 외에 세일 상품, 식품을 제외한 품목들에 한해 5% 할인을 받을 수 있는 게스트 카드를 만들어준다. 이 게스트카드는 한신백화점에서도 사용할 수 있다.

한국어로 된 점내 안내 팸플릿이 있다. 층별 안내도부터 매장 리스트, 레스토랑 가이드, 면세, 점내 서비스 등 다양한 정보가 있으니 백화점을 전반적으로 이용할 계획이라면 확인해두자.

> **TIP**
>
> ### 또 다른 명품 지하 식품관, 한신백화점 阪神百貨店
> 지하 식품관이 맛있기로 한큐백화점과 양대산맥을 이루는 곳이다. 지하도로 연결되어 있으니 한큐백화점과 함께 연달아 돌아봐도 좋다. 한큐와 마찬가지로 다양한 종류의 매장이 모여 있고, 다 기본 이상으로 맛있다. 인기 매장으로는 DEMEL, GATEAU FESTA HARADA, WITTAMER 등이 있다.
>
>

3 Days in Osaka 27

Special
한큐백화점 데파치카의 유명 디저트점

'데파치카(デパ地下)'는 백화점 지하 식품관을 의미하는 단어로, 우메다 한큐백화점의 데파치카는 특히 맛있는 디저트가 모여 있기로 유명하다. 데파치카 안에서도 인기 있거나 추천하는 곳을 소개하지만, 사실 이곳이 아니라도 모두 맛있는 건 마찬가지!

R.L. 와플 케이크 R.L. waffle cake

와플 전문점으로 와플로 다양한 시도를 한다. 그중 코로코로와플(コロコロワッフル)은 한입에 먹을 수 있는 작은 크기로 간편하고 맛있다. 다양한 맛이 있으니 시식해 보고 구입하자.

+816-6313-7681
www.rl-waffle.co.jp

그랑 카루비 GRAND Calbee

카루비에서 새롭게 출시한 고급 브랜드. 포테토크리스프(ポテトクリスプ, 540엔)는 단단한 식감을 살린 두꺼운 감자칩으로, 6가지 맛이 있다. 상당한 인기와 더불어 맛도 있지만 대기시간이 너무 길다.

+816-6361-1381
www.calbee.co.jp/grandcalbee

앙리 샤르팡티에 HENRI CHARPENTIER

디저트 전문점으로 수많은 디저트가 예쁜 모양새로 눈을 현혹하지만 가장 유명한 것은 피낭시에(フィナンシェ)와 마들렌(マドレーヌ). 촉촉한 식감과 향긋한 향이 잘 어우러진다.

+816-6313-7679
www.suzette-shop.jp/henri

고칸 五感

디저트 전문점으로 이름대로 오감을 만족하게 하는 맛이다. 케이크도 맛있지만, 쌀을 이용해 만든 달지 않고 폭신폭신한 롤케이크(お米の純生ルーロ, 1001엔)가 대표 메뉴이다.

- +816-6313-7695
- www.patisserie-gokan.co.jp

라 메종 듀 쇼콜라
LA MAISON DU CHOCOLAT

파리에서 시작된 초콜릿 전문점. 진하고 쌉싸름한 초콜릿으로 만든 에클레르쇼콜라(エクレールショコラ, 625엔)도 맛있다. 바삭한 빵과 꽉 찬 초콜릿 크림의 풍미가 탁월하다.

- +816-6313-1598(예약 가능)
- www.lamaisonduchocolat.co.jp

센타로 仙太郎

화과자 전문점으로 재료와 맛에 모든 노력을 쏟으며, 화려하지 않지만 깔끔한 모양 속에 담는다. 모나카(ご存じ最中, 260엔)가 대표 메뉴이다.

- +816-6313-0211
- www.sentaro.co.jp

잇신도 一心堂

화과자 전문점으로, 계절에 맞는 과일이 그대로 들어간 떡으로 유명하다. 그중에서도 딸기떡(いちご大福, 280엔)이 가장 유명하다.

- +816-6313-0240
- www.issindo-osaka.com

16:00

빌딩숲 너머의 아기자기한
카페 거리 산책

오래된 가옥을 개조해 만든 정감 있는 분위기의 카페와 잡화점이 많은 나카자키초. 마을 특유의 색깔이 담긴 거리를 산책하자.

나카자키초 中崎町

나카자키초는 전쟁의 재해를 피한 쇼와시대 복고풍 가옥들이 남겨져 있는 마을이다. 지금에 와서는 가옥을 개조해 만든 카페나 잡화점, 의류점 등이 이어져 있다. 마을을 걷다 보면 따뜻하면서 가정적인 분위기와 조용하고 한적한 분위기가 느껴진다. 하지만 이 마을을 구성하는 상점 하나하나는 각자 특유의 개성이 있어, 그 안으로 들어가면 또 다른 세상이 펼쳐진다. 상점의 주인들은 마치 매번 오던 사람이 오듯 들어가도 크게 신경 쓰지 않는다. 언뜻 무심해 보이지만 오히려 그 점이 손님이 편안하게 구경할 수 있도록 하는 배려처럼 느껴지고, 막상 말을 걸면 친절하게 이야기해주는 따뜻함이 있다.

📍 지하철 나카자키초역 4번 출구에서 바로
✖ 大阪市北区中崎町
🏠 nakazaki-cho.kitatenma.com

DAY 1

もなか珈琲

3 Days in Osaka

우테나킷사텐 うてな喫茶店

쇼와시대 노스텔지어풍의 분위기가 나는 나카자키초와 자연스럽게 조화를 이룬다. 내부는 따스함이 느껴지는 빛바랜 색으로 물들어져 있다. 메뉴는 커피, 홍차, 주스 등의 음료와 케이크, 토스트 등의 기본적인 메뉴로만 갖추어져 있다. 커피는 산미와 깊은 향이 함께 어우러져 풍미를 만들어낸다. 토스트도 정석대로의 맛이라 출출할 때 먹기 좋다. 방문하는 시간대에 따라 손님들도 가지각색이다. 자리가 꽉 찰 때도 한가할 때도 있지만, 언제 방문해도 조용하고 잔잔한 분위기라 마음이 차분해진다.

- 지하철 나카자키초역 4번 출구에서 도보 3분
- 大阪市北区中崎西1-8-23
- 13:00〜20:00(첫째 월요일, 화요일 휴무/ 공휴일인 경우 영업)
- +816-6372-1612

이번 주의 커피(今週のコーヒー, 500엔)와
버터 토스트(バタートースト, 200엔)

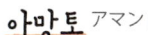

아망토 アマント

특유의 분위기가 감도는 나카자키초를 걷다 보면 눈길을 사로잡은 넝쿨나무집이 보인다. 지붕이 온통 넝쿨나무로 뒤덮여 있어 머리를 숙이고 들어가야 할 정도다. 약 130년이란 시간을 간직한 오래된 고택을 이용해 만든 카페다. 안으로 들어서면 오랜 세월이 느껴지는 목조 건물로 다락방 같은 분위기다. 마치 나만의 아지트에 들어온 듯한 느낌. 시간의 흐름이 입혀진 소품은 다른 곳이었다면 눈길을 끌지 못했을지도 모르지만 이곳에 있으면 빈티지한 골동품이 되어 구석구석 둘러보는 재미가 된다. 이런 특유의 분위기 때문인지 특별한 날보다는 집 앞 공원을 산책하듯 가벼운 마음으로 들어와 조용히 편안한 시간을 보내고 싶을 때 방문하게 된다.

- 지하철 나카자키초역 4번 출구에서 도보 2분
- 大阪市北区中崎西1-7-26
- 12:00~22:00(부정기적 휴무)
- +816-6371-5840
- www.amanto.jp

메뉴가 전체적으로 저렴해 분위기와 더불어 가벼운 마음으로 방문하기 좋다.

Special
나카자키초의 상점 로드

카페 거리로 입소문이 난 나카자키초이지만 각자의 개성이 뚜렷한 아기자기한 상점들도 많다. 보물을 찾는 심정으로 여기저기 숨어있는 상점을 돌아보자.

그린 페페 green pepe

수많은 앤티크 가구와 의류, 잡화로 가득 찬 빈티지 숍. 추억이 떠오르는 옛날 물건부터 조금은 특이한 것들까지 구경하는 재미가 넘쳐난다.

- 大阪市北区中崎西 3-1-12
- 12:00~19:00(화요일 휴무)
- +816-6359-5133
- greenpepe14.jugem.jp

- 마에다 크래프트
- 아망토
- 하나네
- 키다오레야
- 그린 페페
- 우테나킷사텐
- 울트라 잼
- 나카자키초역 中崎町

하나네 花音

티셔츠 전문 숍이자 갤러리로, 세계에 단 하나밖에 없는 나만의 티셔츠를 갖고 싶다면 이곳으로 가자. 구매보다는 구경하는 재미가 있는 곳이다.

- 大阪市北区中崎西1-9-6
- 12:00~20:00, 토·일 11:00~18:00(목요일 휴무)
- +816-4802-8488
- hananetee.blog29.fc2.com

마에다 크래프트 MAEDA CRAFT

나무로 만든 잡화를 주로 팔고 그 외에 코카콜라 관련 용품도 진열되어 있다. 손때가 묻을수록 매력적으로 변해가는, 나무라는 소재만이 가진 따뜻함을 아낌없이 보여준다.

- 大阪市北区中崎西1-7-11
- 12:30~19:00, 토·일 11:30~19:00(월요일 휴무)
- +816-6375-2303
- maeda-craft.com

키다오레야 きだおれや

기모노 숍. 기모노를 평소에 편하게 입을 수 있도록 만드는 곳으로, 렌털이나 레슨도 진행한다. 기모노 외에도 관련 제품을 판매하니 관심 있다면 들러보자.

- 大阪市北区中崎西1-7-11
- 12:30~19:00, 토·일 11:30~19:00 (기본 월요일, 부정기 휴무)
- +816-6375-2303
- kidaoreya.net

19:00

대규모 복합 단지에서의 자유로운 시간

그랜드 프런트 오사카라는 거대한 복합 단지에는 쇼핑몰과 극장, 호텔, 사무실 등 다양한 시설이 들어서 있다.

그랜드 프런트 오사카
Grand Front Osaka

없는 것이 없는 규모의 그랜드 프런트 오사카. 남관, 북관, 우메키타광장으로 이루어져 있는데, JR 오사카역에서 나오면 우메키타광장을 가장 먼저 만나볼 수 있다. 저녁이 되면 젊은 아티스트들이 버스킹을 하러 광장으로 모여드는데, 수준급 실력의 멋진 음악을 들을 수 있다. 아니면 광장 앞에 흐르는 물소리를 들으며 멍하니 시원한 밤공기를 느껴도 좋다. 출출하면 우메키타광장 지하로 내려가 맛있는 간식이나 식사 시간을 가져도 좋고, 레스토랑과 마켓이 접목된 공간에서 식재료 쇼핑을 해도 즐겁다.

- JR 오사카역 남쪽 출구에서 바로 연결
- 大阪市北区大深町4-1
- 10:00~21:00(레스토랑 11:00~23:00)(부정기 휴무)
- +816-6372-6300
- www.grandfront-osaka.jp

그랜드 프론트 오사카의 추천 스폿

시티 베이커리 THE CITY BAKERY

뉴욕에서 시작되어 20년 이상 사랑받아온 베이커리 & 카페로 현지의 맛을 오사카에서 그대로 재현한다. 최고의 인기를 자랑하는 프레첼 크로와상(プレッツェルクロワッサン, 320엔)은 커피나 핫초코와 잘 어울리는데, 매번 구워져 나올 때마다 바로 품절된다.

- 우메키타광장 지하 1층
- 07:30~22:00
- +816-6359-2010
- www.thecitybakery.jp

딘 & 델루카 DEAN & DELUCA

오사카에 유일한 이곳 매장은 마켓과 레스토랑이 융합된 새로운 형태를 보여준다. 요리를 제공한다기보다는 맛을 체험하는 콘셉트로 안에서 파는 조미료와 식재료를 사용한다. 베이커리부터, 치즈, 와인, 디저트 등 판매하는 식재료의 종류 또한 다양하다.

- 우메키타광장 지하 1층
- 10:00~22:00
- +816-6359-1661
- www.deandeluca.co.jp

21:00

라멘의 정수에서 맛보는 **진한 육수**

따뜻하고 진한 국물의 라멘 한 그릇. 지친 나의 몸에 윤활유가 되어 피로를 잠깐이나마 잊게 해준다.

라멘인생JET ラーメン人生JET

여느 라멘집과 다른 점은 없어 보이나 메뉴를 보면 다르다. 이곳은 니와토리니코미소바(鶏煮込みそば, 780엔)가 주메뉴로, 닭을 10시간 이상 우려서 향이 풍부한 간장 소스와 섞어 만든 토리바이탄(鶏白湯) 육수를 사용한다. 돈코츠라멘보다는 담백하지만, 우리나라의 맑은 닭육수와 달리 농축된 것처럼 진하다. 면도 3종류의 밀가루를 섞어 하루 동안 숙성시켜 직접 면을 뽑아 사용하는데, 육수가 면에 잘 배어들어 풍부한 맛을 느낄 수 있다.

- JR 후쿠시마역에서 도보 5분
- 大阪市福島区福島7-12-2
- 11:00~15:00, 18:00~23:00
- +816-6345-7855

자판기를 보면 노란색이 라멘, 분홍색이 면을 국물에 적셔 먹는 초케멘(つけ麺), 녹색이 토핑, 노란색이 세트 메뉴, 주황색이 단품 메뉴이다.

니와토리니코미는 기본 닭육수, 쇼유(醬油)는 간장, 니보시시오(煮干し塩)는 소금이 가미된 것이라고 생각하면 된다.

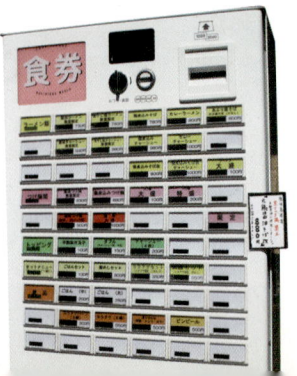

하카타 잇코샤 博多 一幸舎

이름만으로도 신뢰가 가는 하카타 잇코샤 라멘. 돈코츠라멘의 진국을 맛볼 수 있다. 돼지뼈를 오랜 시간 우려낸 부드럽고 진한 국물과 일반 라멘보다 조금 가느다라면서 쫄깃한 식감의 면이 만나 절묘한 조화를 이룬다. 특제 소스에 담가서 만든 차슈는 그 하나만으로도 훌륭한 요리이지만, 육수와 만나면 더 좋은 상성을 만들어 낸다. 각 재료 간의 균형을 고려해 완벽한 합을 맞춰 탄생한 한 그릇은 깊은 감동을 준다.

- JR 오사카역에서 도보 1분
- 大阪市北区梅田3-1-1大阪駅エキマルシェ大阪1F
- 11:00~23:00
- +816-6348-1228
- www.ikkousha.com

① 자판기 티켓을 직원에게 주면 면 굵기를 물어본다. 보통을 의미하는 후쯔(普通)라 말하고 자리에 앉으면 라멘이 금방 나온다.

② 아지타마차슈라멘(味玉チャーシューメン, 1050엔)에는 진한 돼지 육수에 반숙 달걀, 얇게 썬 차슈가 들어 있다. 국물이 진한 만큼 조금 짤 수 있다.

3 Days in Osaka

쿠이다오레 타로

오사카 도톤보리에 가면 여기저기 눈길을 사로잡는 화려한 볼거리 속에서 사람들과 기념사진을 찍는 인형이 하나 서 있다. 하얀 얼굴에 안경을 쓰고 피에로 같은 옷을 입고 있는 그 인형의 이름이 바로 쿠이다오레 타로(くいだおれ太郎). 오사카를 대표하는 캐릭터 중 하나이다.

이 인형은 1950년에 오사카 도톤보리에 있는 '쿠이다오레'라는 음식점의 마스코트로서 처음 얼굴을 드러냈고, 이후 차츰 인기를 얻으며 1990년대부터 오사카를 대표하는 명물이 되었다. 하지만 타로의 명성에도 불구하고 2008년에 음식점 쿠이다오레가 폐점을 하게 되었다. 이에 마스코트도 함께 사라질 뻔 했으나, 다른 곳으로 이전해 여전히 북을 치고 있다.

처음에는 이름 없이 '쿠이다오레 인형'으로 불렸다고 한다. 하지만 1994년 칸사이국제공항이 개항하면서 공항에서 출국하는 첫 번째 항공편인 호주행 여객기에 쿠이다오레 타로가 탑승하는 이벤트를 진행했다. 좌석 지정을 받기 위해서는 정식 이름이 필요했고, 그 때부터 '쿠이다오레 타로'라는 정식 명칭이 붙게 되었다.

쿠이다오레 타로에게는 '쿠이다오레 지로'라는 쌍둥이 동생이 있는데, 보통 타로가 다른 행사로 부재중일 때 지로가 타로의 자리를 지키는 식으로 등장한다. 그래서 서로 만날 기회가 없던 형제였지만 이 둘이 함께 서 있던 일이 있었는데, 바로 음식점 쿠이다오레가 폐점하는 날과 다른 곳으로 이동해 활동 복귀하던 날이었다.

음식점이 폐점된 이후 도톤보리의 화려한 간판들과 어깨를 견주던 쿠이다오레 건물의 전광판은 꺼졌지만 쿠이다오레 타로는 다른 곳에서 자리를 지키며 여전히 관광객들과 함께 사진을 찍는다. 인기도 여전해 기념품점에서는 쿠이다오레 타로의 캐릭터를 살린 귀여운 상품이 계속해서 나오고 있다.

DAY 2

오사카의 옛 풍경 속에서 먹다

오사카의 역사가 담긴
오래된 건축물을 돌아보며
과거 속으로 타임슬립 해보는 하루

10:00

오사카사람들의
생활을 엿보는
시장 탐방

시끌벅적한 아침 시장의 활기와
여기저기 침샘을 자극하는
맛있는 음식으로 오늘의 여행을
힘차게 시작하자.

쿠로몬이치바 黒門市場

- 지하철 닛폰바시역 10번 출구에서 도보 1분
- 大阪市中央区日本橋2-4-1
- 09:00~18:00(일요일 휴무)
- +816-6631-0007
- www.kuromon.com

천하의 부엌이라 불리는 오사카에서 오사카의 부엌이라고 불리는 시장. 도톤보리 주변에 있어 현지인과 여행자들로 항상 북적인다. 시장에는 채소와 해산물 등의 식재료 상점, 반찬가게, 과자점, 커피원두집, 마트, 잡화점, 기념품점까지 없는 것이 없다. 특히 다양한 종류의 길거리 음식이 포진되어 있어 이곳저곳 구경하면서 먹는 재미가 있다. 해산물을 즉석에서 구워주는 곳부터 튀김집, 횟집 등 맛있는 곳이 많아 발걸음이 자꾸 멈춘다.

시장 한편에는 음식을 사서 테이블에서 먹을 수 있는 무료휴게소가 마련되어 있다. 여행자들을 배려해 화장실도 준비되어 있고, 무료 와이파이도 사용할 수 있다.

TIP

쿠로몬이치바의 해산물 모형

시장을 걷다 보면 천장에 해산물 모형이 달린 것을 볼 수 있다. 어떤 것들이 있는지 확인하며 걷는 것도 재미!

3 Days in Osaka 45

11:30

소박하지만 따뜻한
슈마이의 감동

노란 피로 싸인 고소하고
육즙 가득한 슈마이를 먹으면
한 번 시작된 젓가락질이
멈추지 않는다.

잇포테이 一芳亭

번화가를 지나 사람이 많지 않은 한적한 도로를 걷다 보면 어디선가 고소한 만두 냄새가 솔솔 풍겨온다. 냄새를 따라가면 파란색 지붕의 만둣집 잇포테이가 보인다. 내부로 들어서면 매우 좁아 보이지만, 2층에도 자리가 있다. 이곳의 대표 메뉴는 슈마이(しゅうまい, 320엔)로 황금색 피가 보자마자 식욕을 자극한다. 한입 크기의 슈마이를 먹으면 탱글탱글하고 부드러운 식감과 고기의 육즙이 입안에 퍼진다. 이곳의 음식은 전체적으로 모두 맛있는데, 기가 막힐 정도로 간이 딱 맞는다. 화려하지 않지만 계속 먹게 되고, 며칠이 지나도 자꾸 생각나는 맛이다.

- 난카이 난바역 동쪽 1번 출구에서 도보 1분
- 大阪市浪速区難波中2-6-22
- 11:30~20:00(일요일, 공휴일 휴무)
- +816-6641-8381
- www.ippoutei.com

정식 메뉴에는 모두 사진이 붙어 있어 주문하는 데 어려움이 없다.

① 슈마이만 따로 포장해 가는 사람들도 많다.

② 정식을 주문하면 밥양을 묻는데, 가격은 모두 같으니 대(大), 보통(普通), 소(小) 중 알맞게 고르자.

③ 식사 시간이라면 정식으로 시키자. 슈마이 정식(しゅうまい定食, 750엔)에는 슈마이 10개에 샐러드, 밥과 국, 단무지가 함께 나온다.

3 Days in Osaka 47

12:30 ①

돌아보는
역사의 발자취

구마모토성, 나고야성과 함께 일본 3대 성 중 하나인 오사카성은 강한 위용을 자랑한다.

오사카성 大阪城

오사카성은 계절마다 다채로운 표정으로 관광객을 맞이하는 도시 한복판의 웅대한 오아시스이다. 그중 오사카성공원은 가족들과 소풍을 나오고 휴식과 운동을 즐기는 친숙한 공간이다. 오사카성을 둘러싼 공원이 상당히 넓은데, 복숭아밭, 삼림공원, 매화나무숲 등으로 곳곳이 예쁘게 꾸며져 있다. 공원에서 보이는 넓은 해자와 커다란 돌로 만든 장대한 성벽은 보는 사람을 압도할 정도로 웅장하며, 서로 조화를 이루어 아름다운 풍경을 연출한다. 이 해자와 성벽을 비롯해 성문과 화약고, 망루 등 13곳이 국가중요문화재로 지정되어 있다. 오테몬(大手門)으로 들어가면 무도장인 슈도칸(修道館)과 호코쿠신사(豊国神社)가 나오며 다양한 먹거리 상점이나 기념품점도 줄지어 있다. 사쿠라몬(桜門)을 통과하면 오사카시립박물관을 지나 오사카성 텐슈카쿠(天守閣)의 위용이 눈앞에 펼쳐진다.

- 지하철 다니마치욘초메역 2번 출구에서 도보 10분
- 大阪市中央区大阪城1-1
- 09:00~17:00(연말연시 휴무)
- +816-6941-3044
- www.osakacastle.net

TIP

오사카성 텐슈카쿠 大阪城 天守閣

오사카성은 1583년 도요토미 히데요시(豊臣秀吉)의 명으로 축성되었는데, 텐슈카쿠(600엔)는 완성 당시 5층 규모에 기와까지 모두 금박을 입힌 화려한 성이었다고 한다. 하지만 여러 차례의 전란과 화재를 겪으며 파손과 복원이 반복되었고, 1665년에 떨어진 낙뢰로 인해 전체가 소실되었다. 그 후 1931년 시민들의 기부로 지금의 모습으로 복원되었고, 1997년에 국가유형문화재로 등록되었다.

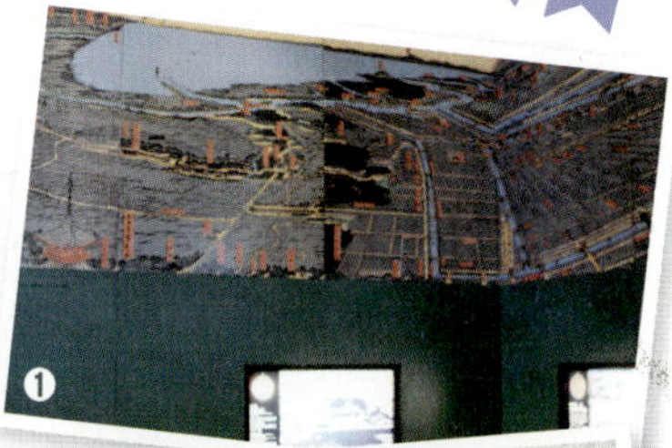

① 내부에는 옛날 오사카의 모습이 그림과 사진으로 전시되어 있다. 2~7층까지 역사적 내용이 한글로도 정리되어 있으니 천천히 둘러보자.

② 오사카 성 바위 크기 제1위의 타코이시(蛸石)와 제3위의 후리소데이시(振袖石)가 나란히 있다.

③ 화강암으로 축조된 성벽의 총 길이는 12km에 달하며, 50~100만 개의 돌이 사용되었다.

3 Days in Osaka

8층 전망대에서 바라본 풍경. 전망대는 5층 직통 엘리베이터를 탄 뒤 걸어서 올라가야 하며, 내려갈 때는 계단을 이용한다.

Special
중앙구민축제
中央区民まつり

오사카성 옆에 있는 나니와궁유적공원(なにわの宮跡公園)에서는 매월 셋째 일요일에 지역구민을 위한 축제가 열린다. 지역구민들을 위한 행사인지라 여행객을 위한 편의는 거의 없다. 하지만 그래서 오사카 사람들의 생활을 더 밀접하게 체험 수 있는 시간이기도 하다. 공원에 들어가면 무대에서는 관현악부 학생들이 멋진 곡을 연주하고 그 주변으로 사람들이 왁자지껄 모여 있다. 프리마켓부터 먹거리 노점, 초상화 체험까지 다양하게 구성되어 있으며, 판매자와 구매자의 경계가 없는 친밀한 분위기이다. 아이들을 위한 놀이공간이나 캐릭터와의 사진촬영도 진행해 말 그대로 남녀노소 구민 모두가 즐기는 축제이다.

13:30

오사카의 옛 풍경 속 카라호리로 **타임슬립**

제2차 세계대전 당시 폭격을 피한 카라호리에는 역사적 가치가 높은 건물이나 옛 마을의 풍경이 지금까지도 남아 있다.

소바키리 츠타야 そば切り 蔦屋

오래된 민가를 개조해서 만든 소바집. 그냥 지나가다 보면 카페로 보일 정도로 고즈넉하다. 담소를 나누며 느긋하게 식사하는 분위기여서 회전율이 빠르지는 않다. 식사도 보통 안주와 함께 반주하다가 소바를 시켜먹는 사람이 많다. 양이 적어 가격대비 비싼 감이 들지만, 매일 직접 만들며 소바 본연의 맛을 확실하게 전달해줘 돈이 아깝지 않다. 내부로 들어서면 곳곳에 아기자기한 장식물로 꾸며져 있고, 벽 선반에는 다양한 종류의 그릇들이 놓여 있다. 큰 테이블과 중간 테이블로 나뉘어, 여러 명과 합석해서 먹는다.

지하철 타니마치로쿠초메역 6번 출구에서 도보 5분
大阪市中央区内久宝寺町2-7-14
11:30~14:00(여름 이후 저녁 영업)/월·화요일 휴무)
+816-6764-7074

① 기본 소바인 모리소바(もりそば). 소바의 톡톡 끊어지는 식감과 더불어 씹을수록 담백한 단맛이 우러나온다.

② 고등어초밥은 오사카의 대표적인 초밥인 하코스시(오시스시)로 나온다.

③ 츠유는 소주잔만 한 그릇에 나와 딱 한입 넣을 양의 소바를 담가 먹게 된다. 부족하면 더 준다.

④ 소바유(蕎麦湯)는 소바를 삶은 물로, 소바의 영양분이 담겨 있다. 소바를 다 먹고 남은 츠유에 넣어 마신다.

TIP

메뉴 자세히 보기

모리소바(もりそば, 900엔)
채반에 담겨 나와 츠유에 찍어 먹는 기본 소바

이나카소바(田舎そば, 900엔) 면이 조금 더 두꺼운 소바

오로시소바(おろしそば, 950엔)
기본 소바에 갈은 무가 추가된 소바

카모지루소바(鴨汁そば, 1250엔) 간장과 오리를 베이스로 만든 따뜻한 국물에 찍어 먹는 소바

카모왕(鴨椀, 650엔)
간장과 오리를 베이스로 만든 따뜻한 국물

이치마이한모리(一枚半盛, 400엔) 1.5배 소바 추가

니마이모리(二枚盛, 750엔) 2배 소바 추가

마메자라산슈(豆皿3種, 850엔)
콩을 베이스로 만든 3가지 요리. 주로 두부와 무침요리

이타와사(板わさ, 650엔) 얇게 썬 어묵과 고추냉이

사바오시스시(鯖押寿司, 450엔) 고등어초밥

칸표오마키(かんぴょう巻, 300엔) 박고지말이

※ 메뉴는 시즌에 따라 바뀌는 경우가 있다.

3 Days in Osaka 53

렌 練

오래된 민가를 개조해 만든 복합상업시설이다. 옛 거리의 모습이 많이 남아 있는 카라호리에서 중심적인 역할을 하는 건물로, 그 우아적인 풍채와 세월의 흔적이 건물에 새겨져 렌만의 멋을 만들어 낸다. 2012년에는 건물이 국가 유형문화재로 등록되었다. 2층 구조의 넓지 않은 고택 내부에는 음식점부터 카페, 잡화점, 가죽공방, 안경점, 기모노학원 등 다양한 상점이 옹기종기 모여 있어 구경하기 좋다. 상점 외에도 공실과 작은 정원 등 소소한 공간을 찾는 재미가 있다. 카라호리 지역을 둘러본다면 걷기보다는 렌에 있는 우에마치 자전거에서 자전거를 빌려 타자.

📍 지하철 마츠야마치역 3번 출구에서 도보 1분
🍴 大阪市中央区谷町6-17-43
🕐 11:00~20:00(일부 점포 다름, 수요일 휴무)
🏠 www.len21.com

TIP
렌의 추천 카페

에크추아 Ek Chuahs

렌 정문 왼편에 위치한 오사카 유명 초콜릿 브랜드 에크추아의 본점. 초콜릿 판매와 더불어 카페도 겸한다. 자리에 앉으면 맛보기용 생초콜릿을 하나 준다. 초콜릿 플레인 음료는 밀크, 스위트, 다크 중 선택할 수 있다. 초콜릿은 전체적으로 진하되 단맛이 강하지 않은 편이다. 케이크 주문 시 세트(1188엔)로 주문하면 더 저렴하다.

+816-4304-8077
www.ek-chuah.co.jp

15:00

시간이 멈춘 일본 최초의 **사찰 탐방**

한적하고 고요한 사찰 주변은 뜻밖에 볼거리가 많아 구석구석 돌아보면 시간이 가는 줄 모른다.

시텐노지 四天王寺

오사카 시내 중심지에 떡하니 서 있는 이곳은 쇼토쿠태자(聖德太子)가 건립한 7대 사찰 중 하나로 일본 최초의 사찰이다. 우리나라 백제 불교의 영향을 받아 설립되었으며, 오사카는 일찍 외국 문물을 받아들여 옛날부터 외국 사신들이 자주 오갔는데, 그때마다 시텐노지를 영빈관으로 사용했다. 현재도 오사카를 들르는 많은 여행객은 물론 현지인도 자주 방문한다. 시텐노지 주변에는 다양한 불상과 사찰 건물, 비석 등이 곳곳에 자리하고 있어 하나하나 구경하다 보면 시간이 금방 지나간다. 사람도 많지 않아 느긋하게 일본의 분위기를 느낄 수 있다. 매월 21일에는 벼룩시장이 열린다.

- 지하철 시텐노지마에유히가오카역 4번 출구에서 도보 10분
- 大阪市天王寺区四天王寺1-11-18
- 08:30~16:30(10~3월 ~16:00)
- +816-6771-0066
- www.shitennoji.or.jp

① 경내 중앙에 위치한 거대한 사당 로쿠지도(六時堂)

② 시텐노지의 정문은 따로 있지만 시텐노지마에유히가오카역에서 걸어오면 아래의 입구로 들어가게 된다.

> **TIP**
> ### 고주노토는 공사 중
> 현재 그 웅장함을 자랑하던 고주노토(五重塔)는 재보수 중으로 2018년 3월까지 공사할 예정이다. 주유패스가 있다면 상관없지만 굳이 중심가람의 입장료(300엔)를 내고 안까지 들어가 보기보다는 중심가람 주변을 구석구석 둘러보고, 본방정원(300엔)에 들러보는 것을 추천한다.

테미즈야 이용법

기도하기 전 손과 입을 씻는 곳인 테미즈야(手水屋)가 곳곳에 배치되어 있다. 사용법은 작은 바가지인 히샤쿠(柄杓)로 물을 떠서 왼손, 오른손 순서로 닦는다. 왼손에 물을 담아 입안을 헹구고 다시 왼손을 닦는다. 마지막으로 남은 물로 손잡이 부분을 깨끗이 한다. 이 모든 단계는 처음에 한 번 담은 물로 진행한다.

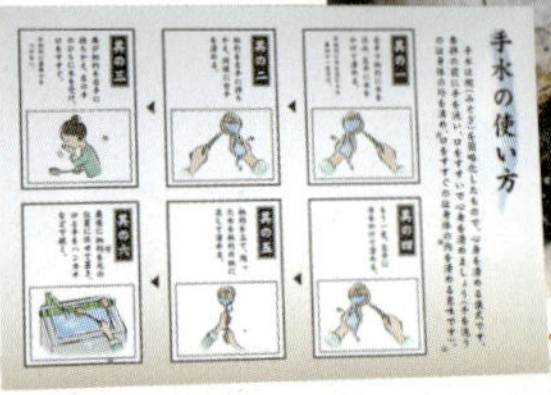

Special
극락정토의 정원
極楽浄土の庭

시텐노지의 북동쪽에 위치한 본방정원으로 극락정토를 그대로 옮긴 듯한 곳이라 해서 이름이 붙었다. 자연의 용수를 이용한 2개의 작은 시냇물과 2개의 연못이 있다. 이곳은 연못 주변을 돌면서 풍광을 감상하는 지천회유식정원으로 이동할 때마다 새로운 풍경을 보여주며, 다실도 조성되어 있다. 하얀 모래가 깔린 길을 거닐며 새소리와 물소리만 들리는 이곳에서 아름다운 경치를 보고 있노라면 이름대로 걱정 없이 편안한 극락정토의 세계에 온 기분이다.

16:30

발걸음에 힘을 실어주는 **타코야키**

오사카에서도 인기 1위를 자랑하는 타코야키를 맛보자. 지친 몸에 힘이 불끈 솟는다.

야마짱 やまちゃん

야마짱은 타코야키의 반죽을 가장 중요시하는데, 바삭한 표면을 씹으면 부드럽고 촉촉한 안쪽의 반죽과 쫄깃한 문어가 어우러진다. 반죽의 식감에서 호불호가 갈릴 수 있는데, 부드러워 좋아하는 사람이 있는 반면 덜 익은 듯한 느낌을 받을 수도 있다. 이곳 텐노지키타구치점은 시텐노지에서 텐노지공원으로 가는 길목에 있어 잠시 들르기 좋으며 단출하지만 테이블이 있어 쉬어갈 수 있다. 아니면 포장해서 바로 앞 텐노지공원에 가서 먹어도 좋다. 가격은 8개 440엔이다.

- 지하철 텐노지역 7번 출구에서 도보 5분
- 大阪市天王寺区堀越町14-12
- 11:00~22:00(부정기 휴무)
- +816-7850-7080
- takoyaki-yamachan.net

TIP 야마짱의 소스

소스 중 이곳의 추천이자 기본인 베스트(ベスト)는 소스를 뿌리지 않고 구워낸 타코야키만 먹는 것이다. 그만큼 맛에 자신 있는 것이지만 타코야키를 소스맛으로 먹던 사람에게는 밋밋할 수 있다. 그 외에는 타코야키 기본 소스인 소스 & 마요네즈의 영A(ヤングA) 또는 간장 & 마요네즈의 영B(ヤングB)를 추천한다.

야마짱 やまちゃん

야마짱은 이곳 본점이 맛있기로 가장 유명하다. 다만 서서 먹어야 하는 불편함이 있는데, 실내 테이블에서 먹고 싶다면 바로 근처에 있는 2호점으로 가자.

- 지하철 텐노지역 9번 출구에서 도보 5분
- 大阪市阿倍野区阿倍野筋1-2-34
- 월~토 11:00~23:00, 일·공휴일 ~22:30(셋째 목요일 휴무)
- +816-6622-5307
- takoyaki-yamachan.net

Special
오사카의 타코야키 맛집

오오타코 大たこ

가장 오랜 역사를 가진 오오타코 도톤보리점. 변하지 않는 꾸준한 맛으로 유명하다. 이곳 타코야키는 문어를 크게 잘라 넣어주는 것으로 유명하다. 실내에 좌석도 있다.

- 지하철 닛폰바시역에서 도보 7분
- 大阪市中央区難波 1-1-6
- 11:30~23:00
- +816-6213-1888

타코야키의 격전지 오사카. 그중에서도 현지인들에게 인기 있는 점포를 선별했다. 사실 맛에 민감하지 않은 이상 차이를 알기는 쉽지 않지만 지나다니며 한 번씩 먹어보며 비교해 봐도 좋다.

아카오니 赤鬼

여행객은 물론 미디어에도 많이 노출된 유명한 타코야키집. 타코야키는 문어가 생명이라고 여겨 생문어만을 사용한다. 타코야키의 종류가 다양하다.

- 지하철 닛폰바시역에서 도보 5분
- 大阪府大阪市中央区難波1-2-3
- 11:00~22:00(부정기 휴무)
- +816-6211-0269
- www.doutonbori-akaoni.com

17:00

웃음소리가 떠나지 않는 휴식처

텐노지역 앞에는 오사카시민들의 휴식공간이 되어주는 잔디밭이 있다.

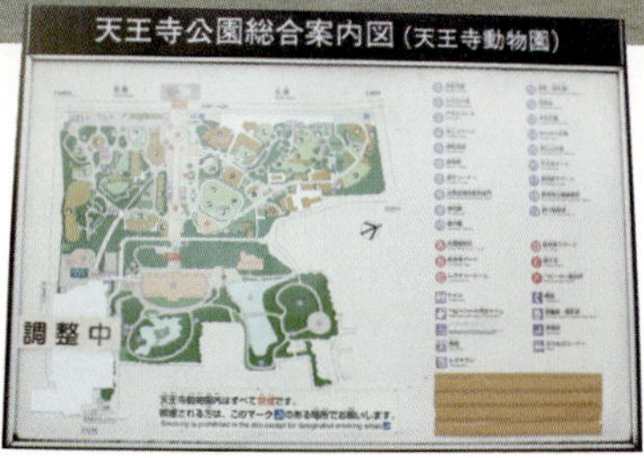

텐노지공원 天王寺公園

텐노지와 신세카이 사이에 넓게 펼쳐진 공원. 텐노지공원의 입구 구역인 텐시바(てんしば)와 텐노지동물원(天王寺動物園, 500엔), 오사카시립미술관(大阪市立美術館, 300엔), 일본식 정원 케이타쿠엔(慶沢園, 150엔) 등으로 구성된다. 사람들이 주로 휴식처로 사용하는 곳은 텐노지 역 앞에 펼쳐진 길쭉한 잔디밭 구역인 텐시바. 현재 리뉴얼 마무리 단계라 조금 어수선하지만 여기저기 사람들로 가득하다. 돗자리를 펴고 도시락을 먹고, 개와 산책하거나 그저 잔디에 맨몸으로 누워 잠을 청하는 등 사람들이 가지각색으로 시간을 보내고 있다. 텐시바는 관광 명소라기보다 시민들이 휴식을 취하는 장소이니 따로 볼거리를 찾는다면 입장료를 내로 공원 안의 다른 시설을 이용하자.

- 지하철 텐노지역 3번 출구에서 바로
- 大阪市天王寺区茶臼山町5-51
- 07:00~22:00
- +816-6773-0860
- www.tennoji-park.jp

① 오사카시립미술관 앞의 길을 따라 쭉 가면 신세카이가 나온다
② 공원 입구 쪽에 있는 PET PARADISE DX는 애완동물용품 판매 이외에도 개의 사회성을 길러주는 학교와 호텔, 전용 운동장을 운영하고 있다. 이용하지 않더라도 귀여운 개를 보며 잠시 마음을 힐링하기 좋다.
③ 잔디밭 주변에 테이블석이 따로 마련되어 있고, 벤치도 많다.

3 Days in Osaka

18:00 ①

재미있고 독특한
역사 속 볼거리

왁자지껄한 신세카이에는
오사카를 상징하는 건물이 있다.
건물 자체에서 오랜 세월이 느껴지는
오사카의 역사를 간직한 곳이다.

DAY 2

츠텐카쿠 通天閣

오사카하면 떠오르는 상징물 중 하나인 츠텐카쿠(700엔). 1912년에 프랑스 파리의 개선문 위에 에펠탑을 올린 것을 모티브로 만들었고, 당시 64m로 동양 최고의 높이였다. 하지만 제2차 세계대전으로 소실되었고, 지금의 츠텐카쿠는 1956년에 103m로 다시 세웠다. 내부로 들어가 엘리베이터를 타면 마치 과거로 시간여행을 떠나는 듯하다. 전망대에 들어서면 신세카이 시내가 한눈에 펼쳐진다. 빌리켄 신전도 겸하고 있어, 관련 제품도 전시되어 있다. 아래층에는 100년 전의 신세카이, 츠텐카쿠, 폐업한 루나파크의 디오라마와 사진이 있어 당시의 모습과 역사를 알 수 있다. 그 외에 일본 인기 만화인 근육맨박물관과 오사카를 대표하는 글리코숍, 기념품점 등 볼거리가 많다.

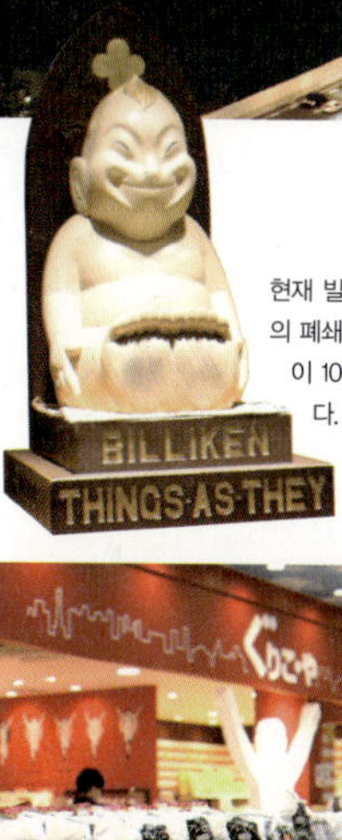

현재 빌리켄은 3대째. 초대는 루나파크의 폐쇄와 함께 사라졌고, 2대는 신세카이 100주년을 계기로 3대와 교체되었다. 빌리켄의 다리를 긁어주면 행운이 온다는 이야기가 전해진다.

- 지하철 에비스초역 3번 출구에서 도보 1분
- 大阪市浪速区恵美須東1-18-6
- 09:00~21:00
- +816-6641-9555
- www.tsutenkaku.co.jp

3 Days in Osaka 65

19:30

바삭한 쿠시카츠와 시원한 맥주의 **환상궁합**

오사카하면 떠오르는 먹거리 중 하나인 쿠시카츠. 흔한 대형 체인점보다는 뒷골목 현지인들이 이용하는 곳으로 가보자.

에츠겐 越源

왁자지껄한 신세카이에 들어오면 여기저기 쿠시카츠 냄새가 침샘을 자극한다. 중심가 뒤쪽 좁은 골목에 위치한 이곳은 맛있고 가격대가 저렴해 현지인이 많이 찾는다. 얇고 바삭한 튀김옷 속 뜨끈뜨끈 알찬 재료가 든 갓 튀긴 쿠시카츠가 훌륭하다. 짭조름 달달한 소스와 시원한 맥주는 튀김의 느끼함을 잡아줘 꼬치가 쌓여가게 한다. 내부는 바 형식으로 10명 정도가 앉을 수 있어 혼자와도 부담 없다. 쿠시카츠를 줄 때 "아지츠 케테이마스"라고 말한 것은 소스를 찍을 필요가 없는 것이니 참고하자!

- 지하철 에비스초역 3번 출구에서 도보 7분
- 大阪市浪速区恵美須東2-3-9
- 12:00~21:00(목요일 휴무)
- +816-6631-2696

TIP
쿠사카츠 메뉴 자세히 보기

90엔 우즈라 うずら 메추리알 　　닌니쿠 にんにく 당근

110엔 렝콘 れんこん 연근 　　카보차 かぼちゃ 단호박 　　치쿠와 ちくわ 어묵

120엔 치이즈 チーズ 치즈 　　타마네기 たまねぎ 양파 　　시이타케 しいたけ 표고버섯
나스비 なすび 가지 　　시시토 ししとう 고추 　　고보 ごぼう 우엉
자가이모 じゃがいも 감자 　　오쿠라 おくら 오크라 　　타케노코 タケノコ 죽순
부타헤레 豚ヘレ 돼지고기 안심 　　토리카츠 鶏かつ 닭고기 　　이카게소 イカ下足 오징어다리
키스 キス 보리멸 　　타마고 たまご 달걀 　　모치 もち 떡
타코 たこ 문어 　　스나즈리카라아게 砂ずり唐揚 생선뱃살튀김
윈나DX ウインナーDX 비엔나소시지

180엔 아스파라 アスパラ 아스파라거스 　　호타테 ほたて 가리비 　　토리카라아게 鶏唐揚 닭튀김

240엔 에비 海老 새우

260엔 부타바라 豚バラ 삼겹살 　　우시스네 牛すね 쇠고기정강이살
카레에 カレイ 가자미 　　토리난코츠카라아게 鶏なんこつ唐揚 닭연골튀김

280엔 카키 カキ(冬季のみ) 굴(겨울 한정)

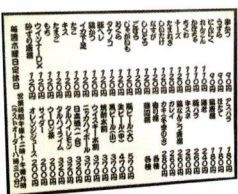

① 기본적으로 제공하는 양배추

② 양배추와 쿠시카츠를 찍어 먹는 소스로 처음 한 번만 찍어야 한다. 먹던 것을 다시 소스통에 담그는 것은 금물!

③ 양배추를 국자처럼 이용해 소스를 앞접시에 덜어놓고 먹으면 편하다.

④ 쿠시카츠는 조금 씩 여러 번 주문해 먹자.

⑤ 다 먹은 꼬치는 소스통 옆에 있는 꼬치통에 넣으면 된다.

21:00

어둠 속에서 반짝이는
도시의 야경

일본에서 가장 높은 빌딩 아베노 하루카스. 전망대는 어느 도시에나 있다고 여길법하지만 지상 300m의 하늘로 다가가는 경험은 흔치 않다.

아베노하루카스 あべのハルカス

일본에서 축조물로서는 3번째, 빌딩으로서는 가장 높은 건물로 총 60층이다. 전망대인 하루카스300(ハルカス300, 1500엔)은 58층부터 60층까지 3개 층으로 되어 있다. 16층에서 티켓을 구입하고 60층으로 올라가는데, 엘리베이터의 빠른 속도에 놀라고, 도착해서 문이 열리는 순간 휘황찬란하게 붉게 밝힌 오사카의 야경에 압도된다. 날씨가 맑을 때면 오사카 시내는 물론 롯코산까지 보인다. 각 유리벽에는 해당 위치에서 보이는 명소들을 표시해줘 찾는 재미가 있으며 손톱만 한 츠텐카쿠, 시텐노지, 도톤보리, 오사카성 등이 눈에 띈다. 곳곳에 놓인 벤치에 앉아 멍하니 바라만 봐도 시간이 훌쩍 지나간다.

- 킨테츠 오사카아베노바시역에서 연결
- 大阪市阿倍野区阿倍野筋1-1-43
- 10:00~22:00
- +816-6624-1111
- www.abenoharukas-300.jp

하루카스300의 캐릭터 아베노베어가 곳곳을 장식하고 있으며, 59층에는 기념품점도 있다.

① 30분에 한 번씩 빛과 소리의 쇼를 진행하는데, 2가지 버전을 번갈아가며 보여준다.

② 58층의 하늘정원은 천장이 뚫려 있어 밤에는 조금 쌀쌀하다.

③ 헬리포트 투어도 유료로 진행하는데 예약해야 한다. 회랑보다 높은 옥상에서 전망을 바라볼 수 있다.

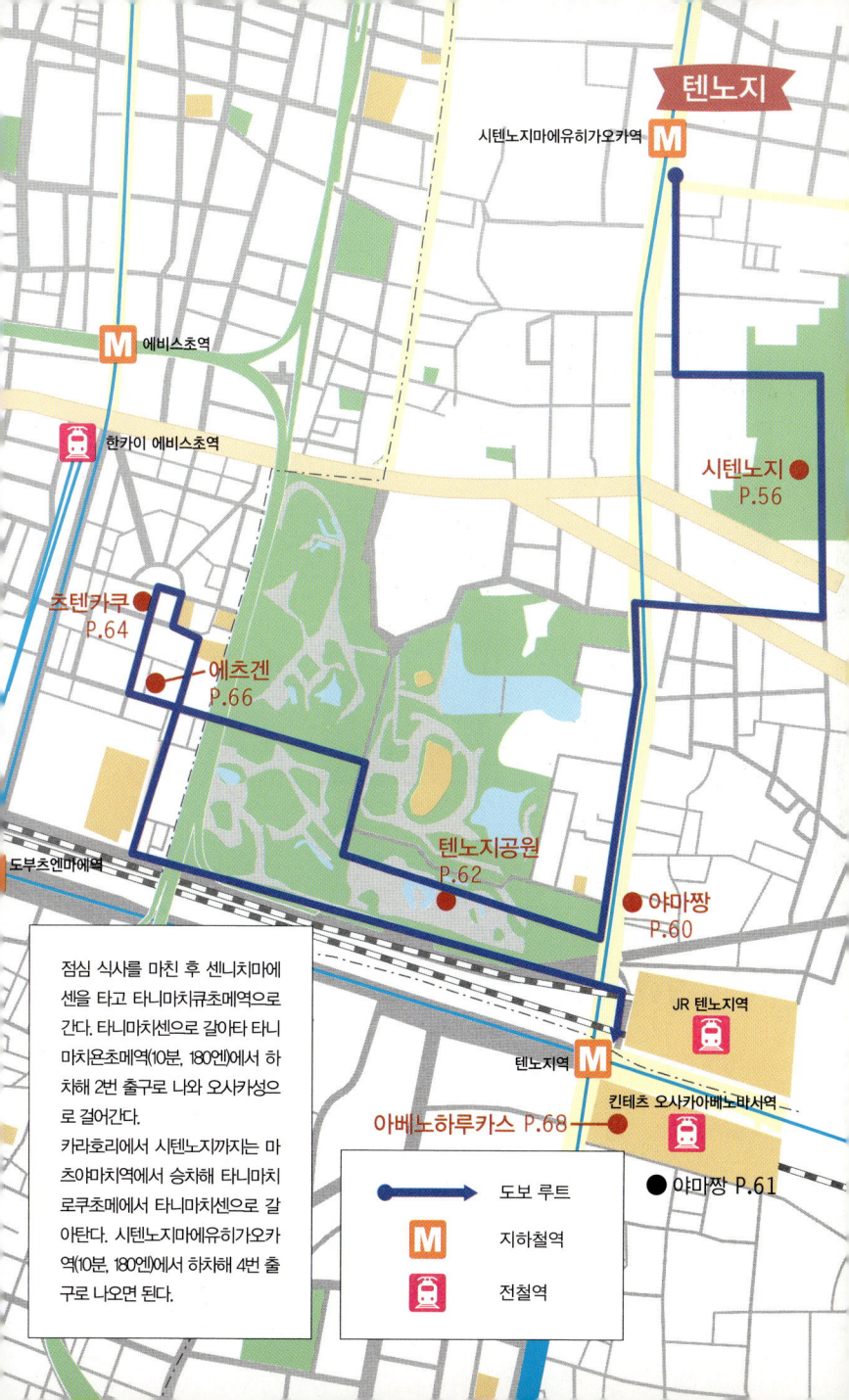

글리코 이야기

오사카의 상징이자 최고의 촬영 스폿인 글리코 전광판. 이 전광판을 모르는 사람은 없지만, 정작 글리코가 무엇을 하는 회사인지 모르는 사람들이 많다. 글리코 전광판을 만든 회사는 에자키글리코(江崎グリコ)로 오사카 지역에서 탄생한 주로 과자를 만드는 식품회사이다. 대표 제품으로 포키와 카라멜이 있다. 이 캐릭터는 창업자 에자키 리이치의 아이디어로 탄생했는데, 건강과 관련된 상표를 생각하기 위해 신사에 갔다가 경내에서 달리기 시합을 하며 놀던 아이들의 모습을 보았다고 한다. 두 팔을 들고 골인하는 아이의 모습에서 그는 자신의 생각에 부합하는 건강과 관련된 이미지를 떠올렸고, 바로 골인마크를 그렸다. 여태까지 그렸던 후보 그림들과 함께 근처 초등학교에서 아이들에게 투표를 받았고, 그 결과 골인마크가 가장 인기 있었다고 한다.

그후 1921년에 상표가 완성되었고, 1935년에 글리코 전광판이 도톤보리에 설치되었다. 글리코 전광판은 오사카성, 가이유칸, 오사카돔, 츠텐카쿠를 배경으로 달리고 있는데, 글리코가 오사카의 거리를 달려나간다는 의미이며, 지금의 전광판은 6대째이다.

글리코 변천사

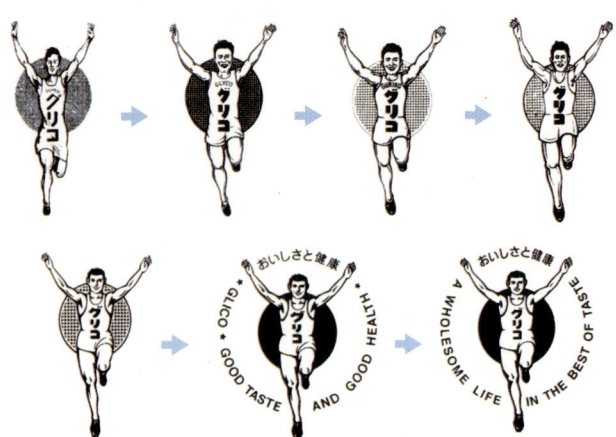

© glico

09:30

허기를 채워주는
든든한 고기만두

수작업으로 하나하나 만들어내는
정성 깊은 551 호라이의 만두는
허기진 뱃속을 따뜻하게 채워준다.

551 호라이 551 蓬莱

오사카에 오면 꼭 먹게 되는 명물 만둣가게로 여행하면서 곳곳에 위치한 지점들을 자주 보게 된다. 대표 메뉴인 부타망(豚まん, 340엔)은 일단 주먹만 한 크기부터 훌륭하다. 부드럽지만 탄력 넘치는 만두피에 돼지고기와 간장 베이스의 속으로 꽉 차있어 한두 개만 먹어도 배가 부르다. 난바역 근처에만 본점을 비롯해 5개의 지점이 있을 정도로 인기가 높다. 그중 이곳 난바나카점은 근처의 다른 지점보다 일찍 문을 열어 간소한 아침 식사로 먹기 좋다. 매장이 크지 않아 테이크아웃 손님이 대부분이지만 작게 테이블이 있어서 먹고 갈 수 있다. 하지만 이곳에서 테이크아웃해서 근처 난바 파크스 가든에서 먹는 것을 추천한다.

- 난카이 난바역 북쪽 출구에서 도보 5분
- 大阪市浪速区難波中1-17-12蓬莱ビル
- 09:00~19:30(첫째 · 셋째 수요일 휴무)
- +816-6632-0551
- www.551horai.co.jp

① 부타망 외에 군만두인 야키교자(燒餃子, 300엔), 슈마이(燒売, 390엔)도 맛있다.

② 속이 꽉 찬 부타망

3 Days in Osaka

10:30

자연 친화적인 쇼핑몰의 정원 산책

초대형 복합상업시설인 난바 파크스의 옥상으로 올라가면 푸른 녹음이 우거진 정원이 조성되어 있다.

난바 파크스 가든 なんばパークスガーデン

난카이 난바역을 구성하는 거대 복합 단지 중 하나인 난바 파크스에 있는 정원이다. 도쿄의 롯폰기힐스와 후쿠오카의 캐널시티 하카타를 설계한 존 자디(Jon Jerde)가 설계했다. 사람, 도시, 자연의 공존이라는 주제로 만들어져, 화려하고 복잡한 난바에서 녹음에 둘러싸여 조용히 휴식을 취할 수 있는 공간이다. 정원은 난바 파크스 건물 2~9층에 걸쳐 계단식으로 조성되어 있고, 테마별로 꾸며져 다양한 풍광과 함께 산책하기 좋다. 가드너가 정성스럽게 정원을 가꾸는 모습이 자주 눈에 띄는데, 이런 지속적인 관리를 통해 다양한 종류의 식물을 사시사철 아름다운 모습으로 만날 수 있는 것이다.

- 난카이 난바역 중앙 출구, 남쪽 출구에서 바로 연결
- 大阪市浪速区難波中2-10-70
- 10:00~24:00(레스토랑 11:00~23:00)
- +816-6644-7100
- www.nambaparks.com

① 6~8층에는 레스토랑이 입점해 있어, 정원 테라스석에 앉아 식사를 즐길 수 있다.

② 쉴 공간이 많아 도시락을 싸와 도란도란 이야기를 나누며 먹거나, 조용히 책을 읽는 사람들이 보인다.

11:30

난바 파크스 주변에서 만나는 고수의 맛

난바에는 오랫동안 자리를 지켜오며 변하지 않는 맛을 자랑하는 곳과 더불어 입소문을 타며 새로운 인기를 얻는 음식점들이 많다.

메뉴는 사진과 함께 밖에 쓰여 있고, 줄을 서서 기다리면 점원이 나와 미리 주문을 받는다. 메뉴를 정하면 밥양을 물어보니 대(大), 보통(普通), 소(小) 중 고르면 된다.

다이닝 아지토 DINING あじと

센니치마에 도구야스지를 둘러보다 바로 옆의 유명 맛집들이 즐비한 골목으로 오면 분위기 있는 음식점 하나가 눈에 띈다. 셰프가 전국에서 온 엄선된 식재료를 사용해 애정을 담은 맛있는 요리를 만들어 내는 곳이다. 런치의 스테이크 덮밥으로 유명한데, 하라미(炭焼き炙り肉重, 900엔)는 하루에 10~15그릇만 팔아 맛보기 힘들다. 내부는 좁지만 고급스러운 분위기로 어두운 편이다. 테이블이 많지 않아 한두 명이 올 경우 바테이블이나 4인 테이블에서 다른 팀과 합석해서 먹게 된다. 주말에는 오픈 한 시간 전에 와도 긴 줄이 늘어서 있다.

- 난카이 난바역 북쪽 출구에서 도보 5분
- 大阪市中央区難波千日前4-20
- 11:30~14:30, 17:00~23:30
- +816-6633-0588
- www.dining-ajito.com

하라미의 업그레이드 버전 와규하라미(特選和牛サーロイン炭焼き炙り肉重, 1300엔)

치토세 千とせ

3대째 내려오는 깊은 고깃국 니쿠후루이로 유명한 맛집. 원래는 니쿠우동(肉うどん, 650엔)으로 유명한 집이었는데, 단골손님이 숙취로 인해 니쿠우동에 면을 빼달라고 하면서 니쿠후루이 메뉴가 생겼다고 한다. 그 후 입소문을 타고 최고의 인기 메뉴가 되었고, 지금은 니쿠후루이(肉吸い, 650엔)와 날달걀밥인 코다마(小玉, 210엔)를 세트로 가장 많이 먹는다고 한다. 날달걀밥은 전용 소스를 뿌려 달걀과 섞어 먹으면 된다. 본점은 사람이 많고 영업시간이 짧으니 미묘만 맛의 차이를 구별할 정도가 아니라면 별관에서 먹기를 추천한다.

- 난카이 난바역 북쪽 출구에서 도보 5분
- 大阪市中央区難波千日前11-6なんばグランド花月1F
- 11:00~20:00
- +816-6633-2931
- www.chitose-nikusui.com

① 내부는 바테이블 형식으로 의자가 고정되어 있어 불편하다.

② 자판기에서 식권을 사는 방식으로 사진이 붙어 있다. 니쿠후루이에 두부를 넣은 것(豆腐入り, 700엔)과 차가운 니쿠우동도 있다.

> **TIP**
> **본점에 가고 싶다면!**
> 본점은 근처인 센니치마에 도구야스지 옆 골목에 있다. 10시부터 오후 2시 30분까지 낮에만 영업하는데, 재료가 떨어지면 일찍 문을 닫는다. 대기는 필수다.

13:00

트렌드세터들이 향하는
핫한 쇼핑 거리

아메리카무라부터 호리에에 걸친 쇼핑구역에는 그곳만의 독특한 색깔이 묻어나는 상점들로 넘쳐난다.

수요일의 앨리스 水曜日のアリス

아메리카무라를 걷다 보면 파란 벽에 다른 세계로 통하는 듯한 각양각색의 문이 달린 곳이 보인다. 진짜 입구는 일반 문보다 작아 동화 속 앨리스처럼 몸이 커지는 물약을 마신듯한 기분이다. 커튼을 걷어 내부로 들어서면 아주 어둡게 꾸며진 공간이 나온다. 앨리스 관련 악세서리나 소품 위주로 전시되어 있는데, 앨리스 동화책의 원화부터 디즈니의 앨리스, 앨리스로 꾸민 브라이스 관련 제품 등 앨리스에 관한 제품이 모두 모여 있다. 바로 옆 공간은 상반되게 아주 밝은 빛 아래 꾸며져 있는데 간식 제품을 판다. 알록달록 팝콘부터, 음료수, 쿠키, 사탕 등 내용물보다는 앨리스로 꾸민 용기 때문에 구매욕이 오른다.

- 지하철 신사이바시역 7번 출구에서 도보 6분
- 大阪市 中央区 西心斎橋2-12-25朝日プラザ心斎橋1F
- 11:00~19:30, 토·일·공휴일 10:00~19:30(부정기 휴무)
- +816-6211-6506
- www.aliceonwednesday.jp

밝은 공간의 천장은 앨리스 동화에 나오는 거꾸로 된 방처럼 꾸며져 있다.

3 Days in Osaka

피사누록 ピサヌローク

호리에의 깔끔하게 꾸며진 편집숍을 구경하다 길 끄트머리에 다다르면 지금까지 보았던 호리에의 세련된 분위기와는 전혀 다른 독특한 분위기의 상점이 나온다. 샛노란 간판에 파란색과 빨간색이 혼재된 내부는 길을 걷는 이들의 눈길을 사로잡는다. 안으로 들어가면 아담한 내부에 향 냄새가 은은하게 퍼진다. 태국, 중국, 베트남, 대만 등 여러 나라를 여행하며 만났던 아시아 곳곳의 키치한 아이템이 모두 이곳에 모여 있다. 전체적으로 화려한 중국풍의 레트로한 제품이 많은데, 자세히 보면 전부 다른 나라에서 온 것임을 알 수 있다. 하나하나 뭔가 촌스러우면서도 귀여운 아이템으로 가득하다.

- 지하철 사쿠라가와역 5번 출구에서 도보 5분
- 大阪市西区南堀江2-5-23
- 13:00~20:00(수요일, 부정기 휴무)
- +816-6538-2090
- www.phitsanulok.jp

자세히 보면 종교적 색이 짙은 것부터, 추억의 물건 같이 보이는 것도 있어 구경할 거리가 많다.

그릇부터, 인형, 천, 신발, 우산, 가방, 잡화, 문구류까지 온갖 종류의 물건이 있다.

3 Days in Osaka 83

플라잉 타이거 코펜하겐

Flying Tiger Copenhagen

1995년 북유럽 덴마크 코펜하겐에서 탄생한 작고 사소한 소품들을 파는 곳으로 지금은 전 세계에서 인기를 끌고 있다. 아메리카무라에 있는 이곳은 아시아에서 처음으로 생긴 1호점. 100엔대의 잡화부터 주방용품, 파티용품까지 다양한 제품들을 팔고 있는데, 마치 우리나라의 버터숍이 북유럽 디자인으로 업그레이드된 느낌이다. 매장은 2층 구조로 다양한 종류의 상품이 갖춰져 있다. 재밌는 디자인 소품이 많아 선물용으로 구입하기 좋다.

- 지하철 신사이바시역 7번 출구에서 도보 5분
- 大阪市中央区西心斎橋2-10-24
- 11:00~20:00
- +816-4708-3128
- www.flyingtiger.jp

아소코 ASOKO

저렴한 가격대의 다양한 생활용품을 파는 일본 잡화 브랜드. 플라잉 타이거 코펜하겐의 대항마로 나선 곳으로 색깔을 다르지만 분위기는 비슷하다. 물건의 종류가 다양한데, 그중 생활용품의 비중이 커 생각보다 실용적인 물품이 많다. 디자인이 업그레이드된 다이소 같은데, 저렴한 가격에서 할인된 세일상품까지 있어 구매의 유혹을 뿌리치기 힘들다. 흰색 내부와 전면 거울로 넓어 보이지만 막상 안으로 들어가면 생각보다 넓지는 않다.

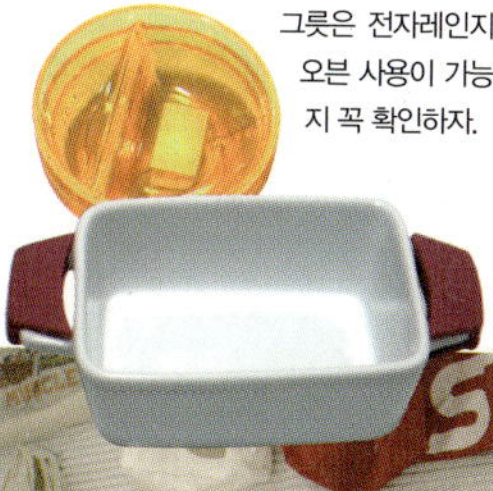

- 지하철 사쿠라가와역 5번 출구에서 도보 7분
- 大阪市西区南堀江1-19-23前衛的ビルヂング1F
- 11:00~20:00(부정기 휴무)
- +816-6535-9461
- www.asoko-jpn.com

그릇은 전자레인지나 오븐 사용이 가능한지 꼭 확인하자.

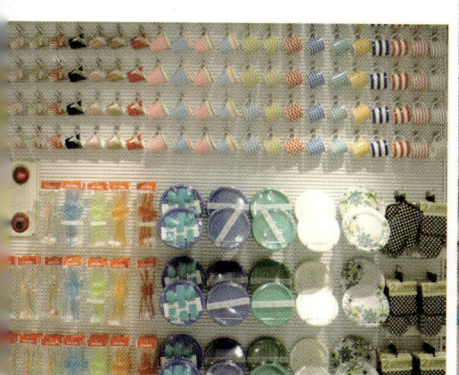

16:00

서점을 빙자한 매니악한
장르의 세계

책을 넘어선 장르가 있는 곳.
팔릴 것보다는 좋아하는 것을
한곳에 모아 놓은 보물창고 같은
서점이 있다.

스탠다드 북스토어 STANDARD BOOKSTORE

'서점이지만 베스트셀러는 취급하지 않습니다'를 모토로 내건 서점. 잘 팔리는 책 위주가 아닌, 장르에 집중해 팔고 싶은 책을 진열한다. 보편적인 장르부터 매니악한 것까지, 독특한 테마를 중심으로 모아놓은 코너가 구석구석 배치되어 있다. 넓고 얕기보다는 한 가지에 깊이 파고들어 일본 국내는 물론 해외서적까지 총망라해 갖춰두었다. 그 나라의 언어를 모르면 서점 구경은 크게 의미 없다고 생각할 수 있지만, 이곳은 독특하고 희귀한 책이 많아 표지만 봐도 시간 가는줄 모른다. 게다가 장르를 책에만 국한하지 않고 관련 소품이나 문구까지 함께 전시해 책보다도 이 공간 자체를 즐길 수 있다.

지하철 신사이바시역 7번 출구에서 도보 5분
大阪市中央区西心斎橋2-2-12クリスタグランドビル1F・BF
11:00〜22:30
+816-6484-2239
www.standardbookstore.com

① 보고 싶은 책은 지하 1층의 카페 안에서 볼 수 있다. 다 읽은 책은 카페 출입구 옆 책장에 두면 된다.

② 코너를 보고 있으면 무엇을 테마로 진열한 것인지 확실히 알 수 있다.
③ 점원이 해당 도서에 대한 코멘트를 적어 놓는다.
④ 카페에 가져갈 수 없는 도서는 따로 표시되어 있다.
⑤ 일러스트레이터 중심으로 도서와 작품을 모아 놓은 코너

3 Days in Osaka 87

17:30

마음을 녹이는 부드럽고 달달한
디저트

디저트까지 맛있는 오사카에서 특유의 부드러움으로 대중의 입맛을 사로잡은 곳을 가보자.

엠지 mg

입구에 들어서면 화려한 천장 장식과 바가 보여 잘못 왔나 싶지만, 분명히 팬케이크 전문점이다. 다만 팬케이크 외에 술도 팔고, 식사 메뉴도 즐길 수 있을 뿐이다. 좁아 보이는 입구에서 안으로 들어가면 널찍한 공간이 나오는데, 어둡고 잔잔한 분위기 속에서 수다를 즐기는 사람들이 보인다. 여러 명이서 온 사람도 많지만, 혼자인 손님들도 간간히 보인다. 팬케이크는 도톰한 두께에 폭신폭신한 맛이 좋으니 취향에 맞게 골라 먹으면 된다. 다양한 팬케이크 메뉴 외에도 기본 팬케이크에 내가 원하는 소스와 토핑을 골라 먹을 수 있다.

지하철 신사이바시역 1번 출구에서 도보 4분
大阪市中央区南船場3-8-7三栄ムアビル1F
수~금요일 11:00~20:00(토요일 ~20:30) /
평일 런치 11:30~14:00(월요일 휴무)
+816-6252-7224
mg-mahana.com

① 진저에일(生絞りジンジャーエール, 600엔)은 탄산과 함께 생강의 달달쌉싸름한 맛이 강해 좋다. 음료 종류는 다양한 편으로 코나커피(コナコーヒー, 600엔)도 있다.

② 매장의 추천 메뉴인 소프트크림과 생크림 팬케이크(ソフトクリームと生クリームのパンケーキ, 1080엔). 사실 기본 메뉴인 버터와 생크림, 아이스크림이 올라간 팬케이크(バターと生クリームとアイスクリームのパンケーキ, 890엔)와 큰 차이는 없다.

③ 손님들을 위해 mg 추천 도서를 배치해 놓았다.

④ 팬케이크 메뉴에는 사진이 있어 주문하기 편리하다.

3 Days in Osaka

홉슈크림 ほっぷしゅうくりーむ

좋은 재료로 하나하나 애정을 담아 직접 만드는 슈크림 전문점. 일견 고로케같이 보여 처음 보는 사람은 슈크림이라는 생각이 잘 들지 않는다. 하지만 한번 먹어보면 역시 생김새대로 바삭바삭 반죽의 식감이 살아 있고, 속에는 부드러운 크림으로 꽉 차있다. 슈크림의 반죽부터 크림까지 모두 매장에서 직접 만들어 굽는다. 홉슈크림(ほっぷシュークリーム) 외에도 쿠키, 아이스크림이 들어있는 홉슈아이스(ほっぷシューアイス, 240엔) 등이 있다.

달달하고 부드러운 커스터드(カスタード, 160엔)와 달콤 쌉싸름한 맛차(抹茶, 200엔). 딱 간식으로 먹기 좋은 사이즈.

📍 지하철 신사이바시역 1번 출구에서 도보 1분
🗺 大阪市中央区南船場3-12-3心斎橋セントビル1F
🕙 10:00~20:00
📞 +816-6244-5788
🌐 www.hop-shu-kuri-mu.com

테이크아웃인 경우, 바삭하게 먹는 법을 적은 종이를 넣어준다. 예열된 오븐 토스터의 전원을 끈 뒤 3~5분 정도 넣어놓거나, 헤어드라이어로 5분 정도 건조하는 방법이다.

살롱 드 몽셰르 Salon de Mon Cher

롤케이크의 열풍을 이끈 이곳의 도지마롤은 홋카이도산 생우유를 사용한다. 폭신하면서도 쫀득한 시트 안에 부드럽고 담백한 생크림이 꽉 차 있어 한입두입 먹다 보면 어느새 사라져버린다. 이미 우리나라에도 지점이 있을 정도로 유명하다. 몽셰르 안에도 여러 형태의 지점들이 있는데, 이곳은 옛날 유럽의 살롱을 콘셉트로 고급스럽게 꾸며져 있다. 입구에 들어가면 다양한 종류의 케이크와 쿠키를 판매하며, 안쪽으로 들어가면 좌석이 있다.

- 지하철 신사이바시역에서 도보 1분
- 大阪市中央区西心斎橋1-13-21
- 10:00~21:00(부정기 휴무)
- +816-6241-4499
- www.mon-cher.com

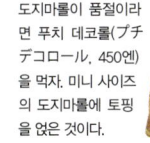

도지마롤이 품절이라면 푸치 데코롤(プチデコロール, 450엔)을 먹자. 미니 사이즈의 도지마롤에 토핑을 얹은 것이다.

여름에 먹기 좋은 시원한 아이스롤(アイスロール, 324엔~)

19:30

미나미센바에서 즐기는 **윈도쇼핑**

신사이바시 북쪽에 있는 미나미센바에는 고급스러운 분위기의 편집숍이 많다.

어반 리서치 도어스 URBAN RESEARCH DOORS

일본을 점령한 브랜드 어반 리서치 그룹 라인으로 이 브랜드는 환경, 기분 좋은 생활을 테마로 한 디자인과 에코 라이프 상품을 제안한다. 2층에 걸쳐 그릇부터 가구, 의류, 잡화, 책, 가드닝 용품 등 생활 전반에 걸친 단순하면서도 세련된 디자인의 상품을 판매한다. 가격대가 저렴하지 않지만 자그마한 소품이나 잡화는 살만하다. 구경할 것도 많고 앉아서 쉬기도 좋아 시간 가는 줄 모른다. 건물 옆에는 도어스 다이닝(DOORS DINING)이라는 유기농 요리 레스토랑이 있다.

- 지하철 혼마치역 15번 출구에서 도보 5분
- 大阪市中央区博労町4-4-6
- 11:00~20:00(부정기 휴무)
- +816-6120-3270
- www.urdoors.com

오사카농림회관 大阪農林会館

미쓰비시상사의 오사카 지점으로 이용하기 위해 조시아 콘드르를 비롯한 유명 건축가들의 설계로 만들어졌다. 이후 건물을 매각해 농림소자재조사사무소, 식량사무소 등이 들어와 (주)오사카농림회관으로 등록되었다. 현재는 미용실을 비롯해 스튜디오, 의류점, 잡화점 등 다양한 콘셉트의 상점이 모여 있다. 5층 건물이며, 각 매장의 색깔이 드러난 나무팻말을 보는 재미도 있다. 가격대는 상점마다 천차만별이다. 홈페이지에 내부 상점 리스트와 홈페이지가 링크되어 있으니 관심 있다면 미리 들어가 보자.

지하철 신사이바시역에서 도보 5분
大阪市中央区南船場3-2-6
12:00~20:00(상점마다 다름)
+816-6252-2021
www.osaka-norin.com

21:00

時分時 JIBUNDOKI

어둠이 내린 저녁 출출함을 달래줄 **오코노미야키**

오사카에 왔다면 저녁 식사 후 야식은 필수. 시원한 맥주 한잔에 오코노미야키로 하루를 마무리하자.

지분도키 時分時

오사카에서 고급진 음식을 내주는 곳으로 현지인들 사이에서 유명하다. 다정하게 말을 걸어주는 마스터는 음식 하나하나에 정성을 담아 멋들어지게 내준다. 먹기보다는 와인에 안주 하나 시켜놓고 오랫동안 담소를 나누는 곳으로 내부는 좁은 편이다. 음식량이 매우 적어 비싼 편이지만 전부 맛있어서 하나하나 음미하며 먹게 된다. 메뉴가 전부 일본어로 되어 있고, 요리를 추천받거나 절단 크기 등 마스터가 세심하게 물어보며 신경 써주는 편이라 일본어를 전혀 못한다면 이용하기 어려울 수 있다.

- 지하철 혼마치역 15번 출구에서 도보 5분
- 大阪市中央区南久宝寺町4-5-11 ライオンズマンション御堂本町1F
- 17:30~24:00(일요일, 공휴일, 셋째 월요일 휴무)
- +816-6253-1661

오코노미야키(돼지고기부타 820엔, 오징어이카 840엔, 새우エビ 920엔, 스지スジ 920엔, 믹스믹스 1680엔)는 꼭 맛보길 바란다.

마스터에게 추천받은 새우빵(えびパン, 480엔)과 꼬치-새우XO소스(串焼-えびのX・O醬, 300엔), 단골손님에게 추천받은 소바메시-스지콘(そばめし-スジコン, 920엔) 그리고 생맥주(キリンラガー生, 520엔) 한 잔

서비스로 받은 밤과 차 한잔. 밤향과 달달함이 입안에서 퍼져 밤 한 톨 주제에 감동의 맛을 준다.

코차바나 京ちゃばな

지금까지의 오코노미야키와는 다른 새로운 감동을 주는 맛을 선보이는 곳. 소스에 토마토와 아보카도를 넣어 만든다. 재료만 보고 너무 동떨어진 특이한 맛이 아닐까 싶지만, 기존 소스에 맛을 더해주는 정도니 걱정할 필요 없다. 추천 메뉴로는 돼지고기 토마토 오코노미야키(豚肉のトマトお好み焼き, 980엔)와 돼지고기 아보카도 야키소바(豚肉のアボガド黒焼きそば, 1080엔)가 있다. 여기에 돼지고기·오징어·새우·스지콘·치즈(200엔), 떡(100엔) 등의 재료를 추가할 수 있다.

- 지하철 나가호리바시역 2-B번 출구에서 도보 5분
- 大阪市中央区博労町2-6-5
- 11:00~14:00, 17:00~02:00
- +816-6120-9822, +8150-5869-8598(예약)
- chabana.com

이곳의 오코노미야키는 얇게 채 썬 양배추 더미에 반죽을 조금 넣어 굽는다. 다 구워진 오코노미야키를 바로 앞 철판으로 옮겨 준 뒤 소스를 부어준다.

직원에게 추천받은 3종 전채요리(780엔) 메뉴. 6가지 중 고를 수 있는데, 가장 인기 있는 것 3가지로 추천받았다. 안초비 감자 샐러드, 문어 마리네이드, 아보카도와 훈제 연어. 요리 하나하나 전부 고급스러운 맛이다.

> COLUMN

도톤보리의 화려한 입체간판

오사카 도톤보리를 장식하는 화려한 입체간판은 우리의 눈길을 사로잡는다. 그 거대한 것들을 보고 있노라면 가끔 어떻게 저렇게 커다란 간판이 오랫동안 떨어지지도 않고 잘 붙어있는지 신기할 때가 있다. 그 이유는 바로 간판의 소재에 있었다. 19년 전 킨류라멘의 용을 시작으로 겐로쿠스시 등 도톤보리의 많은 입체간판을 만든 폿푸공예에서 입체간판 제작법을 이야기해주었는데, 거대 입체간판들은 모두 발포 스티로폼을 깎아서 만든 것이었다. 그래서 그 크기에 비해 무게가 많이 나가지 않는다고 한다. 입체간판의 제작 과정을 간단히 살펴보면 이렇다. 첫 번째로, 의뢰가 들어오면 사진이나 그림을 보고 발포 스티로폼에 모양을 그리고 칼로 깎아내 형태부터 만든다. 그 뒤 사포로 문질러서 매끄럽게 다듬어 낸다. 다 다듬은 후 유리 섬유 같은 보강재를 칠하고, 강화플라스틱을 입혀 도색해 완성한다. 이 모든 과정이 수작업으로 이루어지고, 보통 한 사람이 작업하면 한 달 정도 걸린다. 이중 색을 제대로 칠해야 진짜처럼 보이기 때문에 도색이 가장 어렵고 중요한 작업이라고 한다. 이러한 일련의 과정을 거쳐 현재 도톤보리의 상징이 된 거대 입체간판들이 만들어졌다.

① 오사카오쇼(大阪王将, 만두 전문점)

② 카니도라쿠(かに道楽, 게요리 전문점)

③ 킨류라멘(金龍ラーメン, 라멘 전문점)

④ 쿠시카츠 다루마(串カツだるま, 쿠시카츠 전문점)

⑤ 코나몬뮤지엄(コナモンミュージアム, 타코야키 전문점

⑥ 겐로쿠스시(元禄寿司, 회전초밥 전문점)

일본 최고의 맛을 자랑하는
디저트와 고베규의 고장
고베 여행

일본에서 가장 발달한 국제도시이자 항구도시인 고베. 과거 중국의 송나라와 무역을 시작하면서부터 항구도시로 발전했고, 1886년 개항 이후 서양과 활발한 교류를 통해 본격적인 국제무역도시로 성장했다. 고베는 크게 세 지역으로 구분된다. 가장 번화가라 할 수 있는 산노미야, 야경으로 유명한 하버랜드, 옛 서양인들의 거류지가 보존된 키타노. 이 세 곳을 중심으로 여행 계획을 세우자.

어떻게 갈까?

오사카에서 고베로 갈 때는 한신 투어리스트 패스(700엔)를 이용해 한신 우메다역에서 산노미야역으로 가는 것을 추천한다. 그냥 가는 것보다 왕복 비용을 생각했을 때 더 저렴하고, 고베에서 한신 전철을 이용할 수 있어 편리하다. 한신 우메다역에서 직통 특급을 타면 30분 만에 갈 수 있으며, 저녁 늦은 시간을 제외하면 1시간에 4~5대씩 자주 오는 편이니 웬만하면 직통 특급을 기다렸다가 타는 것이 좋다.
한신 투어리스트 패스는 한신 우메다역에서 팔기는 하지만 티켓이 없는 경우가 많다. 헛걸음하는 경우가 있으니 차라리 한큐 우메다역의 투어리스트 센터로 가서 사는 것이 마음 편할 수 있다. 패스는 외국인만 구입할 수 있으니 여권을 꼭 지참하자.

어떻게 다닐까?

고베는 어느 정도 체력이 되거나 산책을 좋아하는 사람이라면 패스가 있는 한신 전철을 한두 정거장씩 이용하며 걸어 다녀도 충분하다. 하지만 시간이 촉박하거나 하루 동안 많은 관광지를 돌아보고 싶은 사람이라면 고베의 주요 관광지를 도는 시티루프버스를 이용하는 것이 좋다. 1회 승차 요금이 260엔이고, 1일 승차권은 660엔이다. 오전 9시부터 오후 6시까지만 운행한다. 산노미야역 인포메이션 센터나 버스 안에서도 승차권을 구입할 수 있다.

타박타박 키타노 산책

높다란 언덕을 올라가면 이국의 문화가 곳곳에 스며든 거리가 보인다. 고베를 대표하는 관광지 키타노를 산책하자.

키타노텐만진자 北野天滿神社

키타노의 분위기가 본격적으로 드러나는 거리로 들어서면 얼마 안 가 돌로 만든 토리이가 보인다. 높다란 계단의 참배길을 올라가면 본당이 보이고, 뒤를 돌면 고베 시내의 전경과 저 멀리 바다가 펼쳐진다. 이곳은 학문의 신을 모는 신사로, 교토의 기타노텐만구를 모방해서 만든 곳이다. 넓지는 않지만 소소하고 아기자기하게 꾸며져 있어 구경하거나 앉아서 쉬기 좋다. 이곳의 테미즈야에서는 본래 손을 닦았지만 지금은 잉어에 물을 끼얹으면서 소원을 빈다. 왼쪽에는 사랑을 기원하는 하트 모양의 에마가, 오른쪽에는 제비뽑기 점괘인 미즈카케미쿠지(水かけみくじ)가 있는데, 물에 적셔야 내용이 보인다.

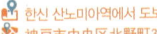
한신 산노미야역에서 도보 15분

神戸市中央区北野町3-12-1
+8178-221-2822
www.kobe-kitano.net

번 외 편

3 Days in Osaka 103

카자미도리노야카타 風見鳥の館

키타노로 가는 언덕을 올라오면 가장 먼저 눈에 띄는 중후한 건물이다. 이름 그대로 닭 모양의 풍향계를 의미하는 카자미도리(風見鳥)가 트레이드 마크인데, 악귀를 쫓는 의미가 있다. 이곳은 독일인 무역상이 살던 건물로 키타노이진칸 중 유일하게 외벽을 붉은 벽돌로 지었다. 내부는 살던 당시의 모습 그대로 복원되어 있다. 전체적으로 독일 전통양식으로 꾸며져 있으며, 아르누보양식이 묻어나는 소품이 곳곳을 장식한다. 옛날 외국인이 살던 집을 구경하는 것이기에 한 번쯤 가보면 좋지만 그리 큰 기대를 하지 않는 것이 좋다.

- 한신 산노미야역에서 도보 15분
- 神戸市中央区北野町3-13-3
- 09:00~18:00(2·6월 첫째 화요일 휴무)
- +8178-242-3223
- www.kobe-kazamidori.com/kazamidori

번외편

모에기노야카타 萌黄の館

원형 광장 바로 옆에 커다란 녹나무로 둘러싸인 건물이다. 2층 목조 건물이며 원래는 흰색 외벽이어서 '하얀 이진칸'으로 불렸다. 1987년에 수리하면서 건축 당시의 색인 연두색(모에기)으로 다시 칠했고, 모에기노야카타(萌黄の館)라는 이름이 붙었다. 이곳은 미국인 총영사의 저택으로 이용되었으며, 내부의 중후한 벽난로, 아라베스크풍의 계단, 화려한 벽지, 돌출형 창문 등 호화로운 장식이 돋보인다. 건물 옆에는 정원도 있으며, 구석구석 자세히 보면 돌 위에 연잎과 물고기를 그려 아기자기하게 꾸며 놓았다.

- 한신 산노미야역에서 도보 15분
- 神戸市中央区北野町3-10-11
- 09:00~18:00(2월 셋째 수・목요일 휴무)
- +8178-222-3310

TIP 키타노이진칸 공통권

키타노이진칸은 대부분 입장료가 있으니 여러 곳을 들를 생각이라면 공통권이 저렴하다. 하지만 원하는 조합을 선택하는 것이 아니라 정해져 있는 조합 중 골라야 한다. 가장 대표적이고 저렴한 것이 650엔의 카자미도리노야카타(風見鶏の館, 500엔) + 모에기노야카타(萌黄の館, 350엔) 조합. 티켓은 각 이진칸 입구에서 구입할 수 있다.

입장료가 무료인 곳은 라인노야카타(ラインの館)와 파라스틴테(パラスティン邸) 등이 있다.

3 Days in Osaka 105

눈과 입이 즐거운 고베 케이크

디저트로 유명한 곳답게
어느 곳을 가도 수준 높은 맛을
보여주는 고베에서
특히 맛있는 케이크를 맛보자.

라베누 L'AVENUE

고베 거리를 걷다 보면 초록 수목으로 뒤덮여 문만 빼꼼히 보이는 곳이 나온다. 현지인들이 고베 최고의 케이크점이라고 극찬을 아끼지 않는 라베누이다. 이곳의 셰프는 세계에서 유일한 초콜릿 대회인, 월드 초콜릿 마스터즈에서 2009년 우승을 차지했다. 초콜릿이 들어간 케이크 종류가 많고 따로 초콜릿도 판매한다. 테이크아웃만 가능한데, 늦게 가면 케이크가 다 팔려 거의 없는 경우가 많다. 그래서 구입 후 다른 곳에서 먹던가, 숙소까지 들고 가야 하는 번거로움이 있다. 하지만 그런 번거로움도 감수할 수 있는 정의 맛이다. 이곳 최고의 인기 케이크는 모드(MODE)로 헤이즐넛과 살구, 초콜릿이 만나 절묘한 맛을 내는데, 일찍 가지 않으면 보기 힘들 정도로 인기가 있다.

- 한신 산노미야역에서 도보 15분
- 神戸市中央区山本通3-7-3ユートピア・トーア1F
- 10:30~19:00, 일 · 공휴일 10:30~18:00(화 · 수요일, 부정기 휴무)
- +8178-252-0766
- www.lavenue-hirai.com

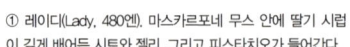

① 레이디(Lady, 480엔). 마스카르포네 무스 안에 딸기 시럽이 깊게 배어든 시트와 젤리, 그리고 피스타치오가 들어간다.

② 바빌론(Babylon, 520엔). 진한 쇼콜라 시트 위에는 모카초 코크림이, 안에는 달달한 유자청이 들어간다.

일찍 가지 않으면 인기 제품은 먹기 힘들다. 케이크 외에 초콜릿, 쿠키, 잼 등도 있으며, 오랜 시간 케이크를 들고 다녀야 하는 사람을 위해 케이크용 아이스박스도 따로 판매한다.

3 Days in Osaka

고베에 왔다면 테판야키

테판야키는 철판 요리를 말하는데, 철판에서 만들어 낼 수 있는 요리야 많지만, 고베에서 말한다면 역시 스테이크인 법이다.

스테이크하우스 미디움레어 Steak House Medium Rare

오리엔탈 호텔 17층의 고급스러운 공간에서 먹는 식사는 감동을 준다. 특히 눈 앞에 펼쳐진 메리켄파크와 하버랜드, 그리고 고베의 아름다운 바다는 얼마든 지 음식을 기다릴 수 있게 해준다. 셰프는 주문하면 못 먹는 음식이 있는지 물 어본 뒤 바로 앞에서 요리한다. 먹는 속도를 체크하며 알맞은 타이밍에 음식을 내준다. 테판야키는 재료 본연의 맛을 살리는 가장 단순하면서도 섬세한 조리 법이라, 좋은 재료를 사용하는 것이 단박에 느껴진다. 모든 런치 메뉴는 코스 여서 적은 양의 스테이크를 시켜도 애피타이저부터 디저트, 음료까지 주고, 천 천히 음미하며 먹어서 의외로 배부르다.

- 한신 산노미야역에서 도보 10분
- 神戸市中央区京町25 ORIENTAL HOTEL 17F
- 11:30〜14:30, 17:30〜21:00
  (금·토요일&공휴일 〜21:30)
- +8178-326-1577, +8150-5868-9105(예약)
- www.orientalhotel.jp/restaurant/shop/detail_02.html#first-resevation-tab02

번외편

추천 메뉴는 가격대비 구성이 좋은 햄버그 & 스테이크 런치로 햄버그와 와규 스테이크(50g)가 함께 제공된다. 햄버그 양(75g/3500엔, 150g/4000엔)에 따라 가격이 다르며 사진 순서대로 요리가 나온다.
고베에 왔으니 가격 상관없이 꼭 고베규를 먹고 싶다면 메뉴 중 와규 스테이크 런치에서 고베규(神戶牛, 80g/8500엔)를 선택하면 된다.

3 Days in Osaka

모토마치에서 즐기는
간식과 쇼핑

모토마치역 근처의 상점가에서 간식 시간을 갖고, 조금 더 밖으로 나가 역사 깊은 유럽풍 건물을 구경하며 쇼핑하자.

타치바나 たちばな

한국인에게는 조금 생소할 수 있는 고베의 명물 아카시야키 전문점이다. 아카시야키란 달걀 반죽에 아카시산 문어를 넣어 동그랗게 구워낸 것으로 다시국물에 적셔 먹는다. 타코야키의 친척쯤으로 생각하면 되는데, 달걀 반죽의 식감이 부드럽고 폭신폭신하다. 다시국물은 담백한 편이어서 전혀 짜지 않다. 오히려 간이 센 사람은 조금 심심하게 느껴질 수 있는데, 그런 경우 테이블에 비치된 소스를 취향대로 뿌려 먹으면 된다. 이곳 메뉴는 아카시야키 한 가지이니 몇 인분 필요한지만 말하면 된다. 내부가 좁은 편이라 대기해야 하는 경우가 많은데, 회전율이 빨라 사람들이 생각보다 금방 빠진다.

- 한신 모토마치역에서 도보 2분
- 神戸市中央区三宮町3-9-4
- 11:00〜19:30(10월 셋째 월요일, 연말연시 휴무)
- +8178-331-0572

해안빌딩징구 海岸ビルヂング

고베에 있는 서양식 건축물 중에서도 상업빌딩으로는 가장 오래된 건축물이다. 3층 벽돌건물은 1911년에 지어져 100년 이상의 역사를 가지고 있다. 독일 르네상스풍의 디자인에 내부 천장은 스테인드글라스로 되어 있다. 지금은 설계사무소나 법률사무소 외에 편집숍, 갤러리, 잡화점, 카페 등이 내부 공간에 입점해 있다. 1층의 H/H와 KBF 매장은 다른 곳에 비해 넓은 편으로 의류 외에 다양한 잡화까지 구비되어 있다. 2~3층의 잡화점 및 편집숍은 기본적으로 가격대가 꽤 높지만 세일 상품이나 작은 소품, 문구류 같은 경우에는 비교적 살 만하다.

- 한신 모토마치역에서 도보 7분
- 神戸市中央区海岸通3-1-5
- 상점마다 다름
- kaigan-building.com

3 Days in Osaka

고베의 랜드마크 보며
바닷바람 쐬기

바다를 배경으로 우뚝 서 있는 고베의 랜드마크들은 낮에는 시원한 전망을, 밤에는 아름다운 야경을 보여준다.

메리켄파크 メリケンパーク

고베항 옆에 있는 공원으로 방파제 사이를 매립해 만든 공원이다. 이 공원에 가는 이유는 공원에 있는 고베포트타워와 고베해양박물관을 가까이서 보거나, 하버랜드의 전경을 보기 위함이다. 고베포트타워와 고베해양박물관은 굳이 입장료를 내고 안까지 들어가기보다는 그냥 가까이서 외관을 감상하는 정도가 적당하다. 하버랜드는 우미에 모자이크와 관람차에 불이 들어오는 밤에 더 예쁘게 빛난다.

📍 한신 모토마치역 1번 출구에서 도보 15분
🌐 www.kobe-meriken.or.jp

메리켄파크에서 보이는 하버랜드의 야경

하버랜드에서 보이는 메리켄파크의
고베포트타워 & 고베해양박물관

하버랜드 ハーバーランド

대형 쇼핑센터인 우미에 & 우미에 모자이크부터 관람차, 호빵맨 박물관, 크루즈 등 다양한 볼거리가 많은 곳이다. 하지만 이곳에 오는 이유는 역시 메리켄파크의 멋진 전망 때문일 것이다. 그래서 우미에 모자이크 앞에는 바다와 메리켄파크를 바라보며 걷기 좋은 산책로와 앉아서 쉴 수 있는 테이블과 벤치가 놓여 있다. 우미에 모자이크 2층에는 메리켄파크가 정면으로 보이는 좌석이 있어 멋진 야경을 바라보며 느긋하게 휴식하기 좋다.

한신 니시모토마치역 1번 출구에서 도보 15분
www.harborland.co.jp

치즈케이크와 커피 한 잔의 **휴식 시간**

좋은 카페가 많은 고베에서 맛있는 치즈케이크와 커피, 조용히 휴식할 공간을 찾는다면 딱 이곳이 제격이다.

카페 케시퍼 CAFE KESHiPEARL

어두운 내부에 퍼져있는 향긋한 커피 향이 마음을 편안하게 만드는 곳. 치즈케이크와 커피가 주메뉴로 더 치즈케이크(ザ・チーズケーキ, 420엔)에는 4가지 치즈가 들어간다. 키마구레치즈케이크(気まぐれチーズケーキ, 420엔)는 그때그때 1~2종류의 치즈케이크를 준비해 칠판에 써준다. 커피는 꼭 마리아주(マリアージュ, 510엔)를 마시자. 선택한 치즈케이크에 어울리는 블랙커피를 골라준다. 치즈케이크와 커피를 더 맛있게 먹는 방법을 적은 미니북을 보여준다. 조용한 카페를 지향하는 만큼 여러 가지 지켜야 할 사항도 많아 누군가에게는 까다롭게 느껴질 수 있다. 하지만 조용히 휴식하고 싶은 사람에게는 더할 나위 없이 좋은 환경이다.

- 한신 산노미야역 동쪽 출구에서 도보 5분
- 神戸市中央区御幸通6-1-25 もの木三宮ビル2F
- 13:00~20:00(수요일 휴무)
- +8178-203-1396
- www.cafe-keshipearl.com

번외편

카페 케시퍼 이용법

소곤소곤 말해야 하고, 통화는 밖에서 해야 한다. 사진을 찍을 때도 조용히, 플래시가 켜지지 않도록 찍어야 한다. 사람이 많아 혼잡할 때에는 이용 시간을 90분 정도로 제한하고, 3명 이상인 경우 좌석을 따로 앉도록 안내하는 경우가 있다. 예약과 테이크아웃은 없다
금·토요일 오후 8시부터 10시까지는 침묵 카페로 운영한다. 이 시간은 조용히 자신만의 시간을 보내고 싶은 사람들을 위해 잡담이 금지된다.

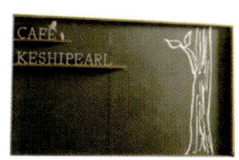

눈에 띄지 않는 입구 찾기

입구는 좁고 어두워서 그냥 지나치기 쉽다. 아파 호텔 입구 옆 테라스석의 바로 맞은편 하얀 건물이라는 점을 꼭 기억하자. 빨간색 코카콜라 자판기를 찾았다면 바로 오른편에 입구가 있다.

커피와 치즈케이크를 깊이 있게 먹는 법

막 나온 커피의 향과 맛을 한입, 케이크를 한입, 케이크를 삼키기 전 커피를 한 모금 마신다. 치즈케이크가 입안에서 녹으며 커피와 만나 만들어내는 매력을 천천히 느낀다.

3 Days in Osaka

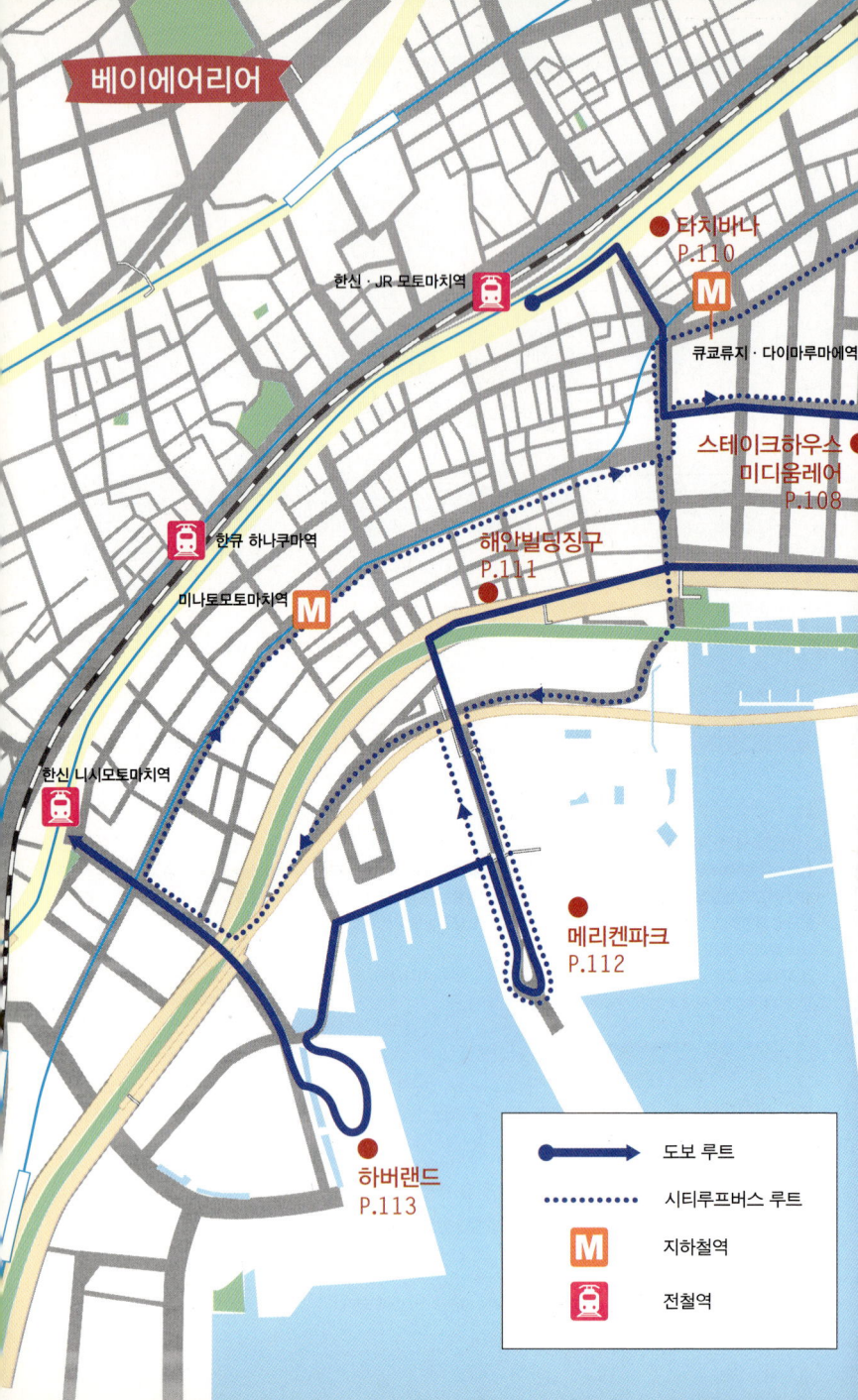

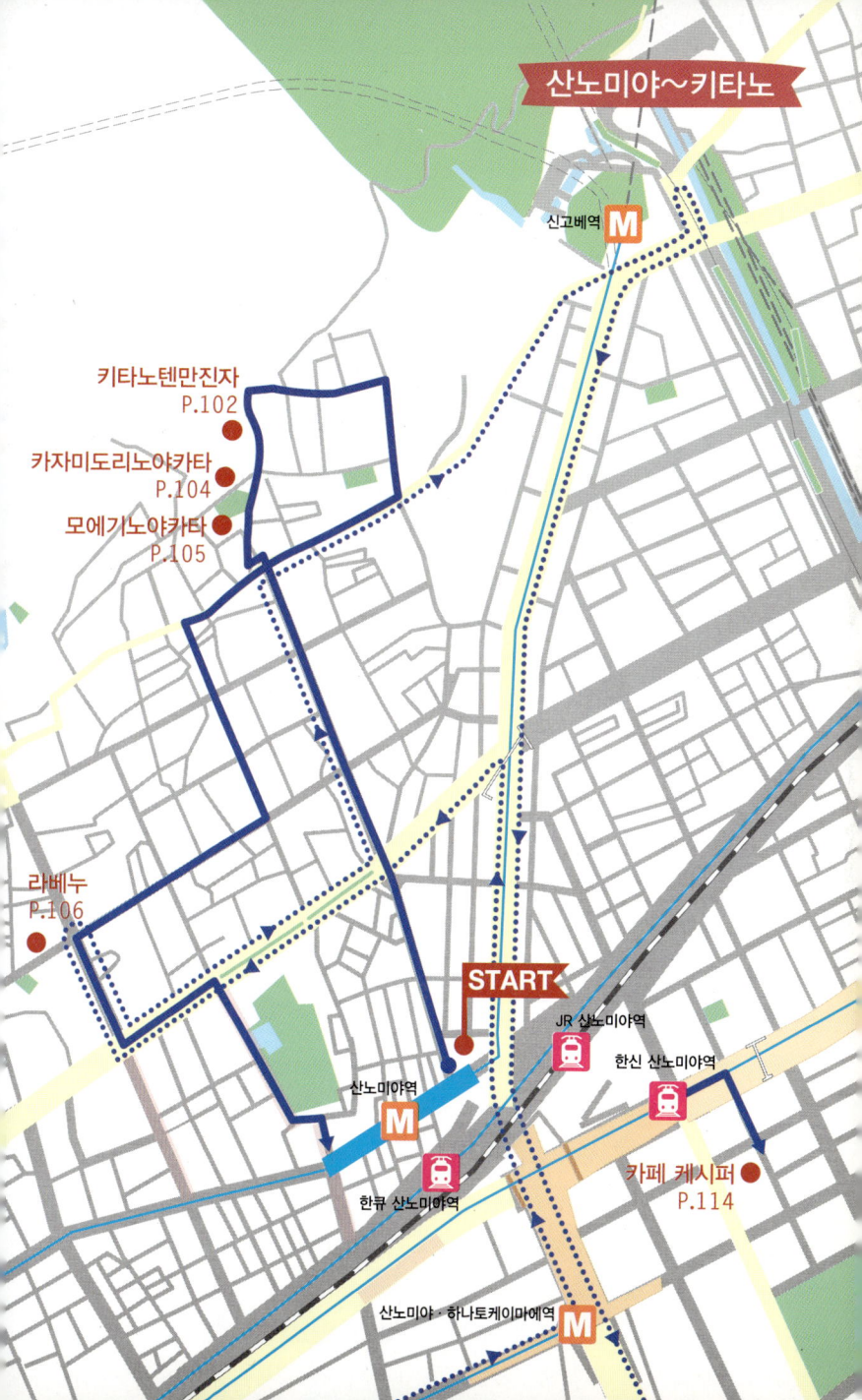

> 현실에서 만나는
> **영화 속 세계**
>
> 수많은 캐릭터로 꾸며진 유니버설 스튜디오 재팬. 영화 속 배경이 그대로 재현되어 있으니 영화팬이라면 꼭 들러보자.

유니버설 스튜디오 재팬 UNIVERSAL STUDIOS JAPAN

- JR 유니버설시티역에서 도보 5분
- 大阪市此花区桜島2-1-33
- 09:00~20:30(계절, 요일에 따라 변동)
- +816-4790-7000
- www.usj.co.jp(일본어), www.usj.co.kr(한글)

할리우드 영화의 세계를 체험할 수 있는 테마파크로 8개의 존으로 나뉜다. 1930년대 뉴욕 분위기가 재현된 뉴욕, 가장 많은 어트랙션이 있는 할리우드, 호수 옆에 쇼핑과 먹거리가 즐비한 샌프란시스코, 공룡의 세계로 안내하는 쥬라기 공원, 영화를 흥미진진하게 재현한 워터월드, 영화 〈죠스〉의 항구도시 애머티 빌리지, 귀여운 캐릭터들의 천국 유니버설 원더랜드, 그리고 최고의 하이라이트인 위저딩 월드 오브 해리포터가 있다. 원데이 패스(7400엔)를 구입하면, 입장과 어트랙션 이용까지 가능하다. 볼거리 위주라면 상관없지만, 어트랙션 위주로 즐긴다면 대기시간을 줄여주는 익스프레스 패스(4500~6900엔)를 추가로 구매할 수 있다. 사람이 많은 주말이나 성수기에 간다면 고려하는 것이 좋다. 오후 3시 이후 입장 시에는 크리스마스 트와일라잇 패스(5900엔)를 구입하면 된다.

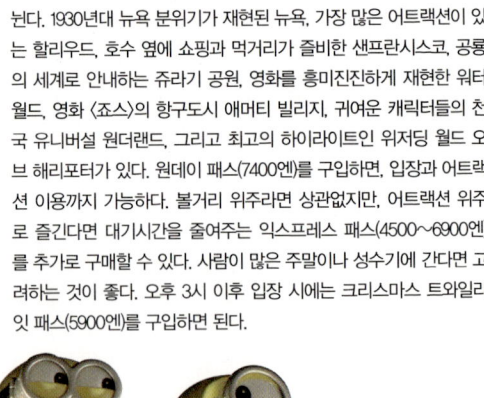

번외편

Special
유니버설스튜디오 재팬의 풍경

유니버설스튜디오 재팬은 테마파크인 만큼 영화 속 배경과 디테일한 요소까지 재현했으며, 4D로 영화의 장면을 체험하는 방식의 어트랙션이 많다. 그 밖에도 호수의 야경이나 그날그날 펼쳐지는 이벤트, 귀여운 캐릭터 먹거리, 다양한 기념품점 등이 있어 아름다운 풍경 속에서 즐거운 추억을 만들기 좋다.

TIP

주말에는 사람이 정말 많다. JR 전철을 탈 때부터 사람들 사이에 끼어 타고, 역에서 나오면 사람들이 모두 입구를 향해 뛰어간다. 개장시간 한 시간 전부터 티켓부스가 아닌 입장 줄부터 길게 늘어서 기함할 정도이다. 게다가 개장시간에 맞춰 들어가면 사람들이 또다시 달려가는 곳이 바로 해리포터 존. 인기 있는 존은 주말이나 성수기에 사람이 몰려 입장 수 제한이 있기 때문에 입장시간대를 미리 정하는 입장확약권을 받아야 한다. 하지만 평일이나 오후 5시 이후 사람이 많이 빠지면 제한이 풀리곤 한다. 쥬라기 공원 존은 현재 리뉴얼 중이지만 어트랙션은 이용할 수 있다.

3 Days in Osaka

Special
오사카에서 온 선물

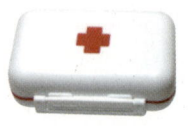

아소코에서
구입한 약통
270엔

아소코의 아랫부분이
접히는 실리콘 통
864엔

아소코에서 산
에코백
432엔

아소코의 자석이 있어
벽에 붙는 실리콘 계산기
540엔

오버라이드의 수염이 달린
요정 모자
3888엔

플라잉 타이거 코펜하겐의
시장바구니용 에코백
300엔

프랑프랑의 핫한 아이템
토끼 주걱
900엔

블루 블루에서 눈길을
사로잡은 레트로 그릇
1512엔

도톤보리 기념품점의
오사카성 마그넷
486엔

도톤보리 기념품점의
오사카성 도쿠리
1404엔

로프트에서 산 병아리
모양의 도쿠리
1620엔

스탠다드 북스토어의
치즈 퐁듀용 그릇
1800엔

도톤보리 기념품점의
오사카 사이다
143엔

면세점에서 산 칸사이 한정
타코야키맛 쟈가리코
800엔

마트에서 산 와사비맛 과자
카키노타네 와사비
278엔

Special
제가 묵어봤습니다! 오사카 추천 호텔

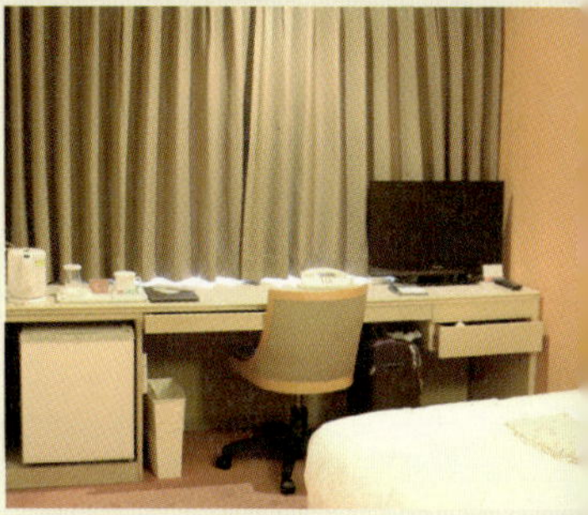

하튼 호텔 미나미센바 Hearton Hotel 南船場

탁월한 위치와 깔끔하고 군더더기 없는 시설이 만족스러운 호텔이다. 중심가에 위치해 조금만 걸어가면 신사이바시스지 상점가와 미나미센바가 나오며, 도큐핸즈 건물 바로 뒤편에 있어 쇼핑을 즐기기 좋다. 싱글룸은 들어가면 좁아 보이지만 침대와 책상, 냉장고 등 필요한 설비들이 콤팩트하게 들어가 있어 불편함이 없다. 어메니티는 일회용 칫솔 세트, 빗, 면도기 등 기본적인 구성이다. 한국인에게 인기가 많은 곳이어서 내부 기기 작동법에 한글도 병기되어 있다. 조식은 지하 1층의 식당에서 제공되는데, 일식과 브런치 중심의 메뉴로 담백하다. 가짓수는 풍성하지 않지만 기본적인 메뉴로 구성되어 있어 든든한 아침 식사로 좋다.

📍 지하철 신사이바시역 크리스타 지하도 북쪽 5번 출구에서 도보 1분
✕ 大阪市中央区南船場2-12-22
📞 +816-6251-2111
🌐 www.hearton.co.jp/minamisenba

남바 오리엔탈 호텔 NAMBA ORIENTAL HOTEL

난바역 근처에 있는 고급 호텔로, 가격만큼의 값어치를 한다. 교통의 중심지이자 번화가인 난바에 위치해 이동하기도 편리하고 쇼핑은 물론, 밤 늦게까지 즐길거리로 가득하다. 특히 〈3데이즈 in 오사카〉에서는 난바에서 시작하는 코스가 있어 수록된 코스 그대로 움직이기 좋은 숙소이다. 센니치마에 상점가에 위치해 아케이드 안을 걷다 보면 갑자기 입구가 나온다. 로비는 3층에 있으며, 객실로 가는 엘리베이터 입구는 객실 키를 통해 들어가야 해 보안이 잘 되는 느낌이다. 더블룸은 넓은 편으로 화장대 외에 소파와 테이블이 따로 있다. 화장실도 넓고 욕조 사이즈도 크며, 어메니티도 샤워타올 등 작은 부분까지 잘 갖춰져 있다. 예쁜 호텔 정원이 있어 휴식하며 시간을 보내기에도 좋다.

- 난카이 난바역 북쪽 출구에서 도보 5분
- 大阪市中央区千日前2-8-17
- +816-6647-8111
- www.nambaorientalhotel.co.jp

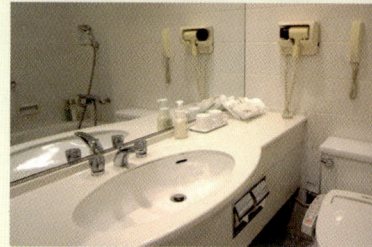

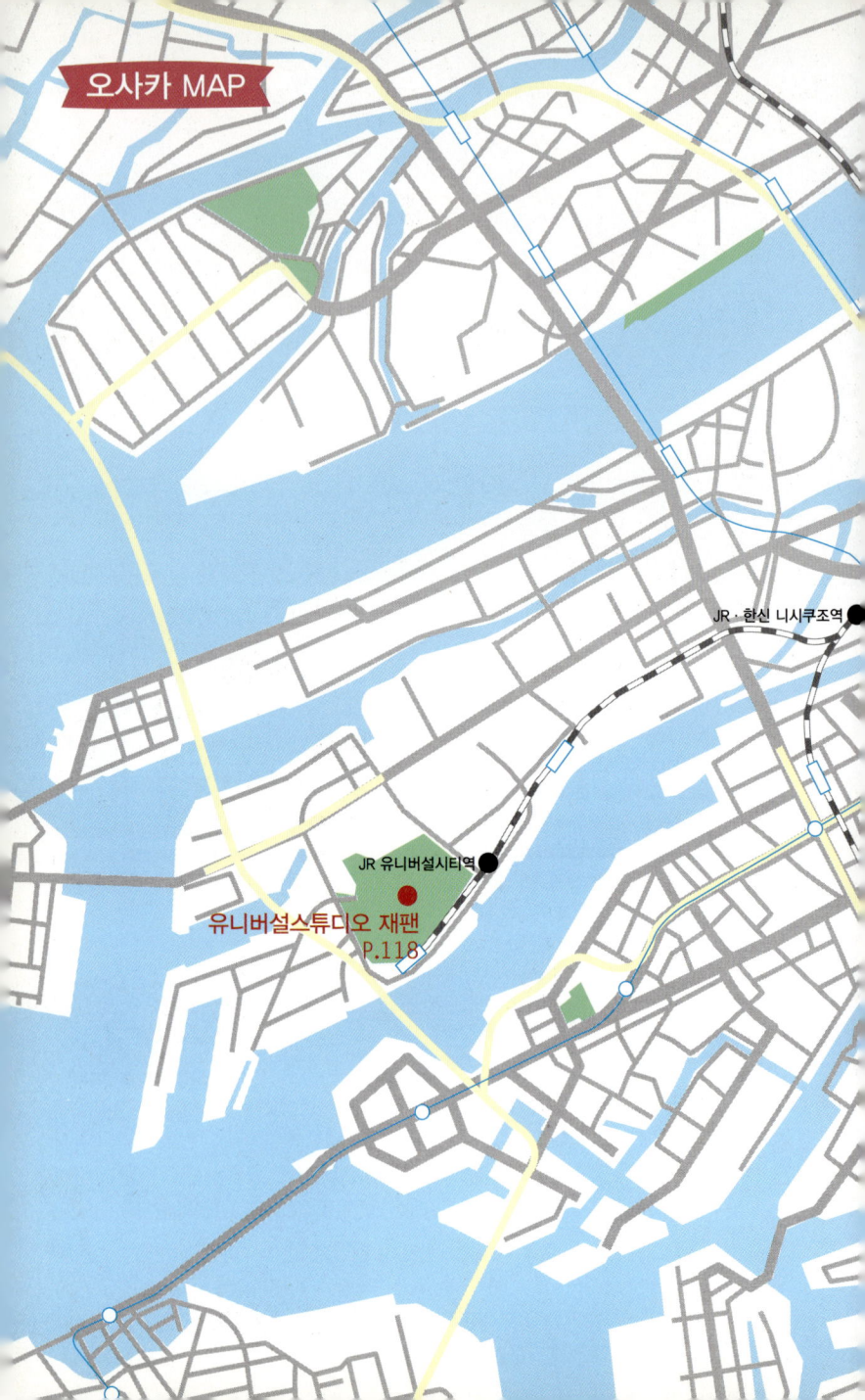

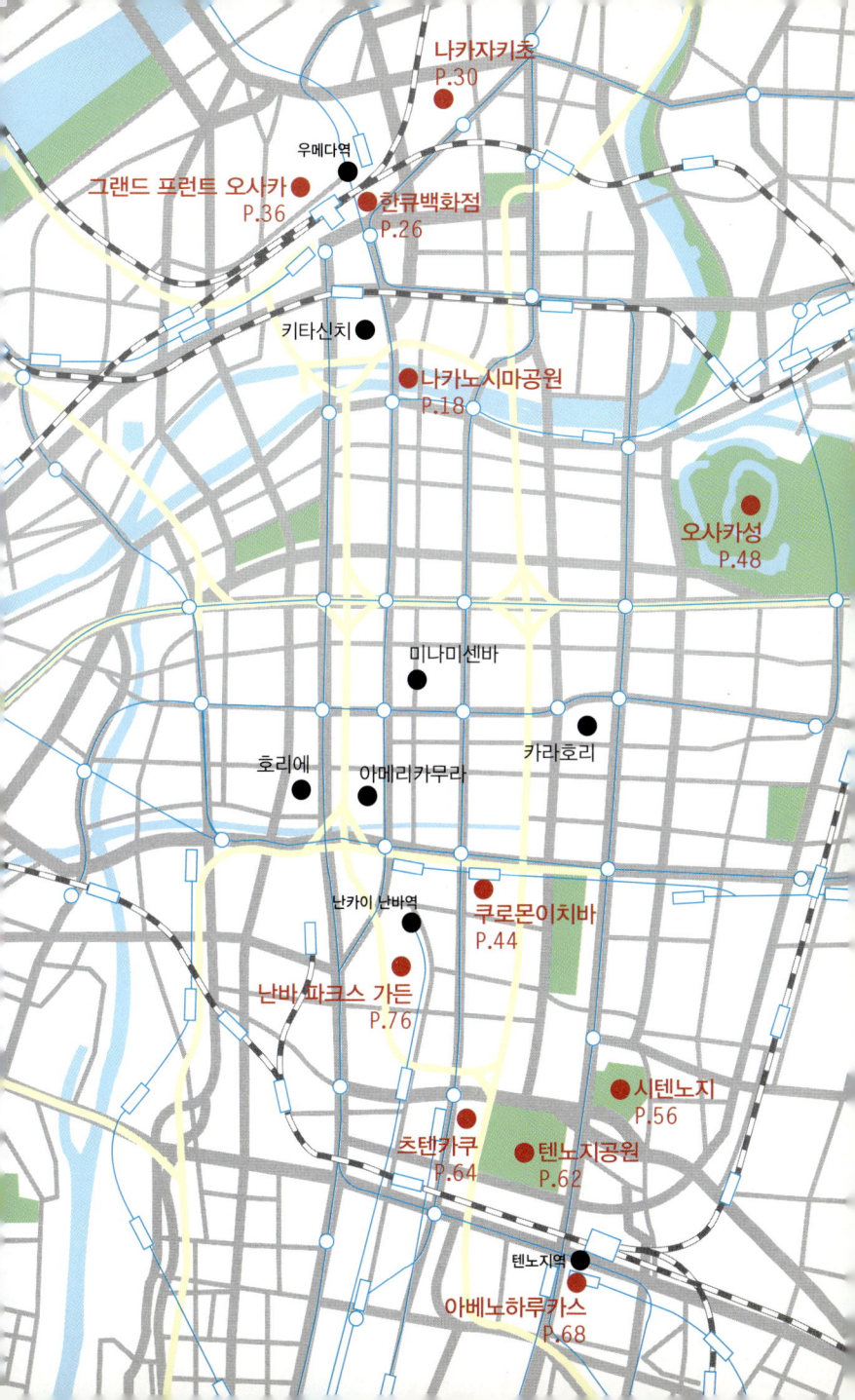

3데이즈 in 오사카

초판 1쇄 2015년 11월 27일
초판 2쇄 2017년 5월 22일

발행인 양원석
본부장 김순미
편집장 고현진
취재·편집 김윤화
해외저작권 황지현
제작 문태일
영업마케팅 최창규, 김용환, 이영인, 정주호, 박민범, 이선미, 이규진, 김보영, 임도진

펴낸 곳 (주)알에이치코리아
주소 서울시 금천구 가산디지털2로 53 한라시그마밸리 20층
편집 문의 02-6443-8931 **구입 문의** 02-6443-8838
홈페이지 http://rhk.co.kr
등록 2004년 1월 15일 제 2-3726호

ⓒ 2015 알에이치코리아

ISBN 978-89-255-5794-6(13980)

※ 이 책은 (주)알에이치코리아가 저작권자와의 계약에 따라 발행한 것이므로
   본사의 서면 동의 없이는 어떠한 형태나 수단으로도 이 책의 내용을 이용하지 못합니다.
※ 잘못된 책은 구입하신 서점에서 바꾸어 드립니다.
※ 책값은 뒤표지에 있습니다.